Cordelia Böttcher

Trauern lernen

Cordelia Böttcher

Trauern lernen

Verstehen und verwandeln von Verlusten

Mit Illustrationen von Andrea Schröder

Verlag Urachhaus

ISBN 978-3-8251-7843-7

Erschienen 2013 im Verlag Urachhaus
www.urachhaus.de

Umschlaggestaltung: U. Weismann, unter Verwendung eines Bildes
von Andrea Schröder, Frankfurt
Gesamtherstellung: Freiburger Graphische Betriebe, Freiburg

Inhalt

Einleitung 7

Erleben der Trauer 11

Der große Mantel der Trauer 17

Die Begegnung mit dem Tod · Der Augenblick des Todes · Unmittelbar nach dem Tod · Aufbahrung und Totenwache · Aber die Gefühle … · Unsicherheit im Umkreis · Sprechen über den Toten · Vorausnehmende Trauer

Ertragen der Trauer in unserer Welt 31

Hilflosigkeit in der Erschütterung · Suizid · Trauer darf nicht sein · »Verwaiste Eltern« · Unfähigkeit, zu trauern · In Trauer versinken · Aus-Wege

Mit der Trauer leben 55

Totenklagen · Die Trauer von Kindern · Erster Trost

Neue Ziele – neue Kräfte 73

Neuer innerer Standort · Ein neues Verhältnis zum Verstorbenen · Lebensgemeinschaft mit dem Verstorbenen · Verbindung im Geist · »Ein Jegliches hat seine Zeit« · Schwellen · Neue Kräfte · Rückblick: Die einzelnen Stufen des Trauer-Weges

Alle diese Verluste 93
Abschiede · Die Begleitung der Trauernden

Trauer der Erde 101
Trauernde Orte · Trauernde Tage · Weltweite Anteilnahme

Ur-Trauer und Ur-Trost 107
Trost und Tröstungen

Anhang
Sprüche für die Toten von Rudolf Steiner 123
Die Begleitung über die Schwelle des Todes
durch die Christengemeinschaft 126
Literaturverzeichnis 131

Einleitung

Trauer.
Ich bin in Trauer. Ich trage Trauer.
Kann ich heute diese Worte gebrauchen?
Wie soll ich ausdrücken, was in mir vorgeht?

»Bitte entschuldigen Sie meine Tränen …«, sagen oft Menschen, die vor Kurzem einen lieben Partner verloren haben. »Warum entschuldigen Sie sich? Tränen gehören zur Trauer und die Trauer gehört zu einem großen Verlust. Es wäre seltsam, wenn Sie nicht traurig wären!«

»Traut euch zu trauern« – so lautete die Überschrift eines Zeitungsartikels, in dem davon gesprochen wurde, dass die Trauer ihren Raum braucht und Abschiednehmen ein aktiver Vorgang werden muss.

Dagegen fragt ein anderer: »Muss ich traurig sein? Bin ich ›böse‹, wenn ich es nicht bin?«

In der Familie von Christiane und Johann Wolfgang von Goethe sind mehrere Kinder zur Welt gekommen, nur der älteste Sohn August wuchs heran. Im November 1795 wurde ein Sohn geboren. Schiller gratuliert. Wenige Tage später stirbt das Neugeborene. Goethe schreibt: »Man weiß in solchen Fällen nicht, ob man besser tut, sich dem Schmerz natürlich zu überlassen, oder sich durch die Beihülfen, die uns die Kultur anbietet, zusammenzunehmen. Entschließt man sich zu dem letzten, wie ich es immer tue, so ist man dadurch nur für einen Augenblick gebessert und ich habe bemerkt, dass die Natur durch andere Krisen immer wieder ihr Recht behauptet.« (Zitiert nach R. Safranski, *Goethe und Schiller. Geschichte einer Freundschaft.* S. 130)

So verschieden die Menschen sind und die Umstände, durch die sie trauern, so verschieden ist die Trauer selbst in den einzelnen Menschen, ihre Art und Farbe, ihre Dauer und der Weg, der aus ihr wieder herausführt. Eines aber ist gewiss und verbindet alle: Die Trauer ist eine Lebenstatsache, ja Lebensmacht, und verlangt, dass man sie wahrnimmt und ihr Raum gibt.

Es gibt inzwischen eine Vielfalt von Literatur zum Thema »Trauer«, Ratgeber aus psychologischer Sicht sowie autobiografische Darstellungen, authentische Berichte von eigenen Wegen. Es gibt Trauer-Andachten in Kirchen und Selbsthilfegruppen aller Art und in den verschiedenen Internet-Foren die vielfältigsten Äußerungen.

Wenn hier noch einmal über Trauer nachgedacht wird, so vor dem Hintergrund der Überzeugung, dass der Tod eines Menschen nichts Endgültiges, sondern ein Schwellenübergang ist. Die Seele geht mit dem Verlassen des Leibes in ein Leben im Geist über. In dieser nachtodlichen Welt verarbeitet sie das Erdenleben. Wir können von »diesseits der Schwelle« aus die weiteren Wege des Verstorbenen begleiten und dabei oft seine »Anwesenheit« wahrnehmen. Die Erfahrungen, die auf diese Weise entstehen, verändern auch das Erleben der Trauer selbst und den gesamten Prozess der Verarbeitung. Neue Kräfte wachsen bei den »Hinterbliebenen«, oft werden neue Arbeitsziele sichtbar und sogar das eigene Schicksal in einem größeren Zusammenhang verständlich.

Religiöse Vertiefung entdeckt in der menschlichen Trauer die »Ur-Trauer« und damit den »Ur-Trost«. Er entsteht in der Begegnung mit dem auferstandenen, immer neu aus dem Tod geborenen, lebendig gegenwärtigen Christus.

Cordelia Böttcher
Nürnberg, Januar 2013

Erleben der Trauer

Die Trauer folgt aus der Begegnung mit dem Tod oder einem anderen schweren Verlust. Die helle Welt ringsum rückt in die Ferne, das Licht scheint weniger zu werden. Was sonst erfreute, gehört auf einmal einer anderen Welt an. Atmen wird mühsamer, Gehen und Bewegen beschwerlich, der ganze Körper fühlt sich müde und wie zerschlagen an, die Muskeln scheinen aus Blei, die Kehle ist zugeschnürt, man mag nicht an Essen denken.

»Einsam, wie noch kein Einsamer war, von unsäglicher Angst getrieben, kraftlos, nur ein Gedanken des Elends noch –« so beschreibt sich Novalis selbst (*Hymnen an die Nacht*). C. S. Lewis sagt es ähnlich: »Niemand hat mir je gesagt, dass das Gefühl der Trauer so sehr dem Gefühl der Angst gleicht. Ich fürchte mich nicht, aber die Empfindung gleicht der Furcht. Das gleiche Flattern im Magen, die gleiche Unrast. Ich muss die ganze Zeit schlucken. Zu anderen Zeiten habe ich das Gefühl leichter Benommenheit. Zwischen mir und der Welt steht eine unsichtbare Wand …« (C. S. Lewis, *Über die Trauer*). Alles ist wie ein dunkler Strom, der auf und ab flutet.

Die innere Grundgebärde ist: matt und kraftlos nach unten blicken, zusammen mit dem Senken des Kopfes. So ist es auch in dem deutschen Wort *Trauer* enthalten, das auf das althochdeutsche *trúrén* zurückgeführt wird oder auf die gotische Sprachwurzel *druisan*, was *Fallen* bedeutet.

In der Bewegungskunst der Eurythmie gibt es eine besondere Gebärde für »traurig«. Dabei steht der Mensch aufrecht, aber ganz eng in sich geschlossen, die Arme hängen herab. Über einem hellgrauen Kleid wird ein fast schwarzer Schleier getragen, Schultern, Hände, Knie und Unterschenkel mit den Füßen fühlen sich dabei schwer an, empfunden wie in der Farbe Dunkelgrau. Eine Gebärde, in der man sich als Trauernder wiederfindet.

In alledem ist auch die Empfindung der Schutzlosigkeit und Angreifbarkeit. Der Trauernde wird empfindlich. Lärm ist schwerer zu ertragen, wie auch manche gut gemeinte Geschäftigkeit oder das Sprechen über Belanglosigkeiten. Besonderen Schmerz verursacht ausgesprochenes oder unausgesprochenes Unverständnis für die Situation. Gegen die Schutzlosigkeit haben die Menschen früherer Zeiten schwarze Kleidung getragen, und auch heute fühlen sich viele darin am wohlsten, wenigstens in der ersten Zeit. Die Qualität dieser »Farbe« entspricht in der Empfindung der inneren Verfassung, aus der alles bunte Leben verschwunden ist, die nach Trost sucht.

Oftmals bringen Tränen Erleichterung, die Last der Bedrückung löst sich ein wenig, denn alles Fließende hat auch eine gewisse Lebendigkeit in sich. Mitunter verweigern sich die Tränen, die Augen brennen und bleiben trocken: »Ach, könnte ich doch weinen!« Manchmal löst ein besonderes Wort von Freunden den Bann, oder es kommt unvermutet ein Gegenstand vor Augen, den der Verstorbene geliebt hat, ein Kleidungsstück, das er viel getragen hat, eine Melodie weckt Erinnerungen, ein Geruch, ein Bild. Es ist auf einmal Nähe entstanden, in der sich das Leben wieder regt.

»Tränen sind des Leidenden Balsam«, das alte Sprichwort bewahrheitet sich. Manchmal fließen die Tränen ungewollt und lassen sich nur schwer zurückhalten, es ist, als sei ein schier unerschöpfliches Reservoir geöffnet. Müssen sie nicht fließen dürfen? Muss nicht alles Angestaute – was mag es in einem Leben alles sein! – aufgelöst werden dürfen? Wer dieses Phänomen selbst erlebt hat, weiß auch, dass dann ein Punkt kommt, an dem diese Phase von allein zu Ende geht. Es ist genug. Jeder weiß auch selbst, ob er da mit sich selbst ehrlich ist, oder ob er die Schwelle zum Selbstmitleid überschreitet. Tränen sind nicht nur Balsam, sie sind auch eine reinigende Flut. »Die Träne quillt, die Erde hat mich wieder«, lässt Goethe den Faust sagen, nachdem das Geläut der Osterglocken ihn vom Rand des Todes zurückgeholt hat. Die »Erde«, das tägliche Leben mit seinen Aufgaben kann wieder in den Blick kommen und in Angriff genommen werden, auch wenn die Kräfte noch schwach sind und erst im Tun wieder wachsen.

Trauer ist ein unmittelbares Erlebnis, das alle Empfindungen ausfüllt. Im Rückblick sehen wir mit größerer Ruhe auf das Ereignis, das sie ausgelöst hat, und fangen an zu verstehen, was vor sich gegangen ist, wir bilden Begriffe dazu.

Es ist zu schwer, was ich erlitt,
es ist zu stark, was mich bestritt,
ich dacht, ich wollt es besiegen,
aber ich muss erliegen.

Friedrich Rückert (1788–1866) verlor in der Weihnachtszeit 1833/34 zwei seiner kleinen Kinder durch Scharlach und musste um das Leben der anderen bangen. Um den Schmerz zu ertragen, dichtete er jeden Tag. Später erschienen die Gedichte unter dem Titel *Kindertotenlieder* und wurden durch die Vertonung von Gustav Mahler bekannt.

»Es ist zu stark, was mich bestritt« – das Erlebnis des Todes und der Verlust eines nahen Menschen fordern besondere Kraft von der Seele. Um standhalten zu können, zieht sie alle Kräfte zusammen und verstärkt sich in sich selbst. Diese Bewegung wird als das Gefühl der Trauer bewusst.*

* Siehe dazu die Vorträge von Rudolf Steiner in: *Geisteswissenschaftliche Menschenkunde* (GA 107), Vortrag vom 27.4.1909; *Exkurse in das Gebiet des Markus-Evangeliums* (GA 124), Vortrag vom 28.2.1911 sowie *Die Mission der Geistesoffenbarung* (GA 127), Vortrag vom 26.2.1911.

Mit halber Stimme

Nimm des Menschen Dunkelstes: dies ist ewig
Nimm aus weher Brust das Verlorene. Hauch die
Scham, die Sehnsucht, flüstre das Weinen in die
Stille des Abends,

Die Gedanken vor dem Entschlafen; alle
hingehauchten Worte der Herbstnacht, alle
einsamen armen Wege, die Trauer und das
Ende der Liebe

Wie ein Sturm ist menschliches Leid und wie das
ferne Spiel von Harfen; das tiefste aber
ist ein Strom; nicht strömt er von hier, er flutet
inner der Erde

Nimm das Leid und mach es zum Liede: Welches
Lied ist süßer, welches mit Würde leiser!
Gleich dem wunden Mund der Geliebten, nachher;
Oder dem kargen

Lächeln eines Sterbenden. Immer werden
an den Grenzen groß die Gefühle. Denn im
Übergang ist Weihe und Muss und jene
Todkraft des Opfers –:

Bitterer Becher, sei uns gesegnet! Ach wer
leidet denn genügend – und wer denn wurde
je zu tief gehöhlt, dem die streng gespannte
Saite erbebte?

Josef Weinheber

Der große Mantel der Trauer

Die Begegnung mit dem Tod

Der Tod ist ein Ereignis – und ist von vielen Menschen zugleich wie ein Wesen empfunden und angesprochen worden. Novalis sieht ihn zum Beispiel als Jüngling, der sinnend auf den Gräbern steht, Hugo von Hofmannsthal nennt ihn einen »großen Gott der Seele«, Theowill Übelacker erlebt ihn als »Spender tiefren Seins«. Die Begegnung mit ihm erschüttert mehr oder weniger die gesamte Existenz. Sie ist wie ein großer Gongschlag, dessen Klang durch die nächsten Tage dröhnt und von jetzt an untergründig alles Leben begleiten wird. Das eigentliche Leben mit der Trauer beginnt erst später.

Der Augenblick des Todes

Führt einen das Schicksal so, dass man beim Todesaugenblick eines geliebten Menschen dabei ist, so wird man gewahr, dass eine besondere Kraft nötig ist, um in dieser Stunde, in diesem Augenblick ganz besonnen zu sein. Ist der Prozess des Sterbens ein langsames, leises Verlöschen, so besteht die Aufgabe vor allem darin, sich selbst wach und aufrecht zu erhalten. Ist in den letzten Stunden Hilfeleistung nötig, so nimmt diese viel Aufmerksamkeit in Anspruch und konzentriert sich auf den Leib. Im Todesaugenblick aber verändert sich alles. Jedes Leiden, jede Mühe und Unruhe, auch wenn sie qualvoll war, verwandelt sich in große, unsagbare Ruhe. Der Raum wird weltengroß und heilig. Das ist auch beim leisen Aushauchen des Atems so, ja sogar zwischen den Apparaten einer Intensivstation. Dieser Augenblick ist jenseits der Zeit. Nichts ist mehr wichtig, keine äußeren Verrichtungen, nur die Wahrnehmung dieses neuen Raumes.

Langsam kommt es im Lebensgefühl an: Der geliebte Mensch ist gestorben. Jetzt ist es eingetreten. Es ist so. Alles Bisherige ist Vergangenheit, eine andere Ebene der Wirklichkeit ist erreicht. Ein Hauch von Ewigkeit ist in diesem Moment. Ich stehe einer Tatsache gegenüber, die viel größer ist als ich, die aber zu mir gehört und zu der ich gehöre. Und plötzlich erlebe ich: Nichts auf der Erde ist so wirklich wie der Tod, so klar und endgültig. Sucht man ein Bild dafür, so stellt sich vielleicht die Erinnerung an einen klaren Kristall ein. In allen lebendigen Erscheinungen sind unzählige Arten von Bedeutung verborgen, ihr Wesen ist in mannigfacher Weise verschleiert. Im Kristall wie im Tod ist nur seine eigene Wahrheit, nichts anderes. Diese Unbedingtheit ist seine Größe. Diese Größe ist es, die uns ergreift. Sie richtet auf und trägt, obwohl die Unabänderlichkeit des Geschehenen und des Verlustes die Quelle der Trauer ist.*

* Siehe dazu den Vortrag von Rudolf Steiner in: *Die Evolution vom Gesichtspunkt des Wahrhaftigen* (GA 132), Vortrag vom 5.12.1911.

Unmittelbar nach dem Tod

Wir sprechen von der »Schwelle des Todes«, oder vom »Tor des Todes« und meinen damit, dass der Weg von einem »Hier« zu einem »Dort« führt, aus der irdischen Welt der Sinne in eine geistige Welt, in welcher Geist und Seele ohne den Leib leben. Entsprechendes erleben wir bei einer Geburt. Da schlüpft eine Seele aus der geistigen Dimension des Vorgeburtlichen mit dem ersten Atemzug in den Leib hinein, ergreift ihn »von innen« als ihr Instrument für das Leben – und die Empfindung beim ersten Schrei ist große Freude.

»Sollte es nicht auch drüben einen Tod geben, dessen Resultat irdische Geburt wäre? Wenn ein Geist stirbt, wird er Mensch. Wenn der Mensch stirbt, wird er Geist« (Novalis, *Neue Fragmente*, 2328). Beim Tod ist die erste Erfahrung Lösung, Stille, Ehrfurcht vor dem Augenblick, Schweigen. Das Vaterunser, halblaut gesprochen, bildet die Brücke zu den nächsten Worten und Taten. Es erfüllt den Raum mit tiefem Frieden. Danach kann langsam getan werden, was jetzt sein muss: Waschen, Betten, Aufräumen und Schmücken des Raumes, die amtliche Feststellung des Todes und die Organisation von Aufbahrung und Bestattungsfeier mit allem, was dazu gehört. Das alles muss getan werden, obwohl die Seele jetzt das größte Bedürfnis hat, zu realisieren, was geschehen ist, und das in Ruhe durchleben möchte, eingehüllt in den Mantel der Trauer. Andererseits ist es manchmal auch eine Hilfe, praktische Entscheidungen treffen zu müssen. So werden die Kräfte zusammengehalten, die die Trauer wegschwemmen möchte. Eine konkrete Hilfe ist es dabei, wenn man auf Vorbereitungen zurückgreifen kann, die man schon im Voraus getroffen hat.

Aufbahrung und Totenwache

Für viele Menschen ist es ein unmittelbares Bedürfnis, bei dem aufgebahrten Verstorbenen zu sitzen und in ein stilles Zwiegespräch mit ihm zu kommen. Erinnerungsbilder steigen auf, Gedanken über das gemeinsame Schicksal lassen manches mit einem Mal neu erscheinen.

Der Verstorbene selbst erlebt die erste Zeit nach dem Tod im Anschauen der Bilder seines Lebens. Durch die vielen Berichte von Menschen, die in einem »Nahtod-Erlebnis« über die Schwelle geblickt haben, ist diese Tatsache inzwischen bekannt. In den ersten Tagen kann man auch etwas wie einen Abglanz davon in den durchaus wechselnden Stimmungen auf dem Antlitz des Verstorbenen sehen.

Wenn die Aufbahrung zu Hause sein kann, ist es eine wunderbare Möglichkeit, immer wieder in diesen Raum zu kommen und das »Gespräch« neu aufzunehmen.

Eine alte Sitte besagt, dass man bei dem Verstorbenen das Evangelium lesen soll. Wer es tut, erlebt, wie die Worte und Bilder des Evangeliums einen hellen, warmen Raum erschaffen, der wohltut und als Stütze, ja als Schutz erfahren werden kann. Die innere Anspannung kann sich hier lösen, verzweifelte Gedanken finden zur Ruhe und je deutlicher die Gestalt Jesu Christi in diesen inneren Raum hereinkommen kann, desto klarer wird das Gefühl der Gemeinsamkeit mit dem Verstorbenen. In Christus finden sich die Anwesenden.

Das Lesen des Evangeliums hat noch eine weitere Bedeutung. Die Bilder des Evangeliums sind Urbilder des menschlichen Lebens, die Worte Christi sind geistige Orientierung. Wenn der Verstorbene also die Bilder seines eigenen Lebens in der Rückschau durchlebt, geben ihm im Vergleich dazu die Evangelienbilder eine erste Orientierung darüber, wie dieses sein Leben war.

Welches Evangelium man wählt, hängt von der eigenen Vertrautheit damit ab, das Johannes-Evangelium sollte aber dabei sein.

Meistens kann die Aufbahrung nicht zu Hause stattfinden. Heute gibt es bei vielen Bestattungsunternehmen Aufbahrungsräume und auch auf Friedhöfen gibt es Möglichkeiten, den Verstorbenen aufzusuchen, bei ihm zu beten und zu lesen.

Darüber hinaus aber kann man zu Hause einen kleinen »Platz des Gedenkens« einrichten, mit einem Bild des Verstorbenen, Blumen, einer Kerze, schönen und von ihm geliebten Dingen, Malereien von Kindern etc., und dort das Evangelium für ihn lesen. Zwischen den äußeren Pflichten gibt ein solcher Platz die Möglichkeit, in den großen Schwellenraum immer wieder einzutreten, der Trauer nicht zu entfliehen, aber auch nicht in sie zu versinken.

Dunkles zu sagen

Wie Orpheus spiel ich
auf den Saiten des Lebens den Tod
und in die Schönheit der Erde
und deiner Augen, die den Himmel verwalten,
weiß ich nur Dunkles zu sagen.

Vergiss nicht, dass auch du, plötzlich,
an jenem Morgen, als dein Lager
noch nass war von Tau und die Nelke
an deinem Herzen schlief,
den dunklen Fluss sahst,
der an dir vorbeizog.

Die Saite des Schweigens
gespannt auf die Welle von Blut,
griff ich dein tönendes Herz.
Verwandelt ward deine Locke
im Schattenhaar der Nacht,
der Finsternis schwarze Flocken
beschneiten dein Antlitz.

Und ich gehör dir nicht zu.
Beide klagen wir nun.

Aber wie Orpheus weiß ich
auf der Seite des Todes das Leben,
und mir blaut
dein für immer geschlossenes Aug.

Ingeborg Bachmann

Aber die Gefühle

Das große Erleben wie auch die praktischen Tätigkeiten sind durchzogen von den mannigfaltigsten Gefühlen. Sie brauchen ihren Raum, auch alle die Gefühle, für die wir uns vielleicht schämen. Indem sie erscheinen dürfen, gewinnen sie ihren Ort und können sich dann allmählich auflösen.

Zuerst ist die große Traurigkeit, zu der auch die Tränen gehören, das beherrschende Gefühl. Darin kann sehr viel enthalten sein: Dankbarkeit dafür, dass ein langes Leiden zu Ende ist, und Freude über diese Erlösung. In einem anderen Fall vielleicht tiefste Verzweiflung, z. B. wenn die Mutter kleiner Kinder gestorben ist: Wie soll es jetzt weitergehen? Was soll nur aus uns allen werden? Ein andermal ist da vielleicht blanke Wut, ein rasendes Aufbegehren: »Warum?« Warum musste der hochbegabte Jugendliche verunglücken? Was hätte er in seinem Leben Großartiges leisten können? Bei einem anderen: Tiefes Bedauern über ein unfertiges Lebenswerk.

Zwischen die Gefühle schleicht sich auch das Selbstmitleid: Ich habe meinen geliebten Sohn, meinen Mann, meine Frau verloren, ich bin es, der ihn verloren hat. Wie kann das Schicksal so ungerecht sein und mir diesen Menschen nehmen und damit alles Lebensglück?

Die Vielfältigkeit der Gefühle hat Antje Uffmann, die Autorin des Buches *Trauer und Leben* mit Landschaften verglichen, mit der trostlosen Wüste, dem vereisten Fluss, dem finsteren Tal, der Höhle des Drachen, dem Garten der Erinnerung und so fort. Die Farbe der eigenen Trauer in ein entsprechendes Bild zu bringen, kann schon Abstand zu dem Gefühl verschaffen. Es ist aber wichtig, alle Gefühle zunächst zuzulassen und wirklich kräftig zu fühlen. Dabei lässt sich feststellen, welche sich zu erkennen geben und welche noch im Untergrund rumoren. Im Benennen werden sie sichtbar und lösen sich nach und nach auf. Der Egoismus kann dingfest gemacht und die innere Stimme der Wahrhaftigkeit gehört werden. Die Wogen glätten sich allmählich.

Alle Gefühle kann man allmählich auch mitnehmen, etwa wenn man spazieren geht. Durch die Trauer hindurch kann ich auf einmal die Gestalten von Bäumen und Buschgruppen in ihrer Schönheit erkennen und bemerke, wie wohl diese Wahrnehmung tut. In einem Konzert schließt die Trauer die Schönheit der Töne auf, meine Trauer darf auf ihren Wellen mitschwingen. Am Rande eines Gewässers, eines Baches oder Teiches werden die Gefühle ganz leicht. Auf einer Brücke stehend und in das unaufhaltsame Strömen eines Flusses schauend, kann ich viele Gefühle auf die Reise schicken und mich von ihnen verabschieden, beispielsweise die Wut oder die Empörung. Vielleicht gibt es eine Bank an einem Aussichtsplatz, von der aus man dem Sonnenuntergang zuschauen kann. Hier mögen die Gefühle des Abschieds immer vertrauter werden und sich der Seele harmonisch eingliedern. Dieser Vorgang ist es wohl auch, den wir mit »Verarbeiten« eines Gefühls bezeichnen.

Mit dem Bruder Tod zu wandern
An den Bächen, an den Flüssen,
An den Strömen seiner Trauer –
Eine Brücke zu erwandern
In das Tälergrün der andern
Über dunkle Wogenschauer.

Von dem Bruder Tod zu künden
An den Ufern seiner Sehnsucht
Nach Versöhnung mit dem Drüben –
Seinen Aufbruch zu verkünden:
Sich im Letzten zu ergründen …
Und an ihm Verwandlung üben.

Emma Krell-Werth

Unsicherheit im Umkreis

Bei jedem Tod gibt es den oder die nächsten Angehörigen und um sie herum einen weiteren Umkreis von Freunden und Bekannten. Da sind manche unsicher, wie sie sich den Trauernden gegenüber verhalten sollen. Wie finde ich die passenden Worte? Jeder, der schon in der Situation des Trauernden war, weiß, wie hilfreich Worte des Mitgefühls sind. Manchmal sind sogar die üblichen Floskeln besser zu hören, als zu gefühlsbetonte Worte. Aber jedes Wort bildet Brücken von Mensch zu Mensch, von Seele zu Seele.

Entsprechend ist es mit dem Angebot, zu helfen. Hilfe in äußeren Dingen wie Einkaufen, Essen kochen oder Adressen schreiben ist oft sehr willkommen. Es gibt aber auch den *zu* guten Willen, der sich einmischt und meint, etwas tun zu müssen, zu äußerer Hilfe oder zum Trost, was der Trauernde zu diesem Zeitpunkt gar nicht will und vielleicht nicht erträgt.

Wie Kraft und Besonnenheit nötig sind beim Erleben des Todesaugenblicks, so brauchen die Menschen der Umgebung Feingefühl in der Wahrnehmung dessen, wie die Situation im Einzelnen ist. Die »Blume Schmerz ist schweigsam« und die »Blüten vom Baum der Traurigkeit« fallen leise.

Die mir noch gestern glühten,
sind heut dem Tod geweiht
Es fallen Blüten um Blüten
Vom Baum der Traurigkeit …

Hermann Hesse

In früheren Zeiten war das alles viel selbstverständlicher. Es gab zum Beispiel, vor allem in ländlichen Gegenden, die Sitte, den oder die Hauptleidtragenden von allen äußeren Arbeiten zu entlasten. Er durfte bei dem Toten sitzen und trauern. Die Nachbarn kümmerten sich um Haus und Hof, die Bewirtung der Gäste, die Vorbereitungen zum Begräbnis. Sie wussten, wie alles zu sein hat, was hilft oder zusätzlich schmerzt. Beim »nächsten Mal« wurde die Hilfe dann »zurückgegeben«.

Sprechen über den Toten

Gib Worte deinem Schmerz:
Gram, der nicht spricht,
presst das beladne Herz,
bis dass es bricht.

Shakespeare, Macbeth, 4, 3.

Das Erlebnis des Todes ist so groß, dass es eine gewisse Zeit dauert, bis man es sich ganz zu eigen machen kann. Ein Zeichen dafür ist, dass Trauernde immer wieder erzählen möchten, wie sich alles zugetragen hat. Es ist, als brauchte man die wiederholenden Worte, um dieses Ereignis mit dem Leben, das weitergeht, zu verbinden. Gewöhnlich lässt dieses Bedürfnis nach, wenn das erreicht ist. »Ich kann ja nicht jedem davon erzählen!«, versteht man auf einmal, und es ist in Ordnung so. Manche Menschen aber brauchen über einen langen Zeitraum hinweg diese Erinnerung mit den Worten.

Interessanterweise haben auch die ferner stehenden Menschen, die den Verstorbenen kannten und von seinem Tod hören, ein ursprüngliches Bedürfnis, darüber zu sprechen. Erinnerungen an die letzte Begegnung steigen auf, an gemeinsame Erlebnisse, an besondere Worte oder Handlungen, die wesentlich geworden waren. Auch die neue Lebenssituation der Familie, die nun ohne den Verstorbenen ihr Leben weiterführen wird, die Bedeutung des Verlustes für den Arbeitszusammenhang, die Kollegen, die Firma, die Praxis, die Schule etc. werden unwillkürlich bedacht. Bei sehr alten Menschen geht der Blick über das ganze Leben, womöglich über ein ganzes Jahrhundert hin. Wenn etwa ein junger Mensch durch einen Unfall ums Leben kam, bewegen sich die Gedanken um alles, was in seinem Leben noch hätte werden können. Immer wieder erleben die Betroffenen und Freunde die Wohltat des Gesprächs, des Austauschs, der Zeichen der Verbundenheit und Teilnahme auch in Form von schriftlichen Grüßen. Die Kraft des Wortes gibt allmählich wieder »Luft unter die Flügel«.

Worte

Worte sind reife Granatäpfel,
Sie fallen zur Erde
Und öffnen sich.
Es wird alles Innere nach außen gekehrt,
die Frucht stellt ihr Geheimnis bloß
und zeigt ihren Samen,
ein neues Geheimnis.

Hilde Domin

Vorausnehmende Trauer

Es gibt auch eine Trauer, die eine große Umwälzung und Erschütterung ankündigt. Angehörige von alten Menschen erleben es mitunter, dass sie scheinbar grundlos traurig werden, wenn sie an den lieben Menschen denken. Dieser ist vielleicht schon lange pflegebedürftig und äußerlich hat sich nichts bei ihm verändert.

Und doch zeigt sich nach wenigen Tagen, höchstens zwei bis drei Wochen, dass der Zeitpunkt des Todes kommt, die »Stunde«, zu der er »gerufen« wird. Entsprechendes kann sich bei der akuten schweren Krankheit eines Menschen zeigen, da ist oft auch nicht von vornherein klar, ob diese zum Tod führen wird oder nur eine besondere Krise darstellt. Dem Kranken nahestehende Menschen haben es auch in solchen Situationen erlebt, dass sie von Trauer überwältigt wurden und dadurch wussten: Es geht auf die Todesschwelle zu. Diese vorausnehmende Trauer fließt dann in die »große Trauer« später ein.

Durch das Zunehmen der Demenz-Erkrankungen gewinnt noch eine andere, besondere Art der Trauer Bedeutung. Es macht unendlich traurig, einen nahen, lieben Menschen wie den Lebenspartner, Vater oder Mutter in die Demenz entschwinden zu sehen. Zwar ist der Mensch noch da, man kann zusammen spazieren gehen und Bilder anschauen, Musik hören, aber der bewusste geistige Austausch wird zunehmend unmöglich. Die Trauer bezieht sich auf immer neue Verluste und muss immer wieder durchgemacht werden. Hier nimmt man den Abschiedsschmerz etappenweise vorweg und die Trauer nach dem wirklichen Tod ist von Erleichterung und Dankbarkeit erhellt: Jetzt durfte er endlich den hindernden Leib ablegen, seine Seele darf wieder frei eigene Wege in der geistigen Welt gehen.

Ertragen der Trauer in unserer Welt

So unterschiedlich das Verhältnis des Einzelnen zur Trauer in aller Differenzierung ist, so gibt es doch Erscheinungsformen, die besonders kompliziert sind. In der Psychologie und Psychotherapie spricht man regelrecht von »komplizierter Trauer«. Dabei scheint die Seele an ihren eigenen Bewegungen gehindert, wie festgehalten im Eindruck eines Schocks. Dies kann sich in großer Hilflosigkeit äußern, in der Unfähigkeit, Gefühle zu empfinden oder auch in diesen Gefühlen zu versinken, sich nicht mehr daraus befreien zu können.

Was auch immer im Einzelnen der persönliche Grund zu einer solchen Erscheinung sein mag, es zeigen sich in diesen Tendenzen auch »Kulturdefizite«. Das grundlegende Defizit hat sich seit Jahrhunderten aufgebaut: Der Verlust einer lebendigen Beziehung zur Welt des Geistes, zu Gott, und damit auch zur Bedeutung des Todes, im Weiteren auch zum Wesen des menschlichen Schicksals.

Hilflosigkeit in der Erschütterung

Viele Menschen fühlen sich dem Tod gegenüber hilflos. Diese Erkenntnis hat in den letzten Jahren zur Entwicklung neuartiger Formen in der Bestattungskultur geführt, beispielsweise der Urnen-Bestattung im Wald unter Bäumen.

Schon die Vorbereitung beim Gang in die Natur scheint die Gefühle zu erleichtern, und Gedanken an die ewigen Gesetze im natürlichen Leben geben eine gewisse innere Basis. Aber wie geht es weiter? Kann ich eigentlich wirklich mit dem Gedanken leben »Nach dem Tod ist alles aus«? Ist nicht die Tatsache, dass ich traurig bin, ein Zeichen für eine weitergehende Verbundenheit mit dem Verstorbenen? Und das sollte nur in meiner Erinnerung wirklich sein?

Suizid

Eine besonders schwierige Situation entsteht, wenn ein Familienmitglied oder ein Freund sich das Leben genommen hat. Die Trauer wird gewissermaßen »abgründig«. Zur Erschütterung kommen sogleich die Fragen: »Wie konnte das geschehen? Warum habe ich, haben wir es nicht bemerkt? Gab es keine Anzeichen? Wie unglücklich muss er oder sie gewesen sein! Habe ich womöglich auch Teil daran?« In den meisten Fällen ist die Krankheit der Depression Hintergrund und Auslöser; die Fragen stellen sich erfahrungsgemäß trotzdem.

Unsicherheit besteht oft darüber, ob man davon sprechen darf oder soll, dass dieser Tod ein Suizid war. In der Tragik dieses Unglücks gibt es immer die Komponente der Scham, aus welchem Schuldgefühl auch immer sie stammen mag. Ein anderer Aspekt war und ist der der »Sünde«. Dahinter steht der Gedanke, das Gefühl: Das Leben, das dem Menschen von Gott gegeben ist, darf er sich nicht selbst nehmen.

Bis vor Kurzem durften Selbstmörder nicht in geweihter Erde bestattet werden.

Dante beschreibt in der *Göttlichen Komödie* das menschliche Leben und seine Folgen in der Zeit nach dem Tod am Beispiel vieler Menschen. In neun »Kreisen der Hölle« büßen sie, je nach der Schwere ihrer Schuld. Die Selbstmörder leiden im siebten der neun Kreise.

In alledem ist schließlich auch die Unsicherheit, wie man sich zur Seele des Verstorbenen selbst stellen soll. Erreichen ihn die Gedanken und Empfindungen? Was kann ihm helfen, was hilft den Hinterbliebenen? Für manche Angehörige ist die Seele des Verstorbenen wie verschwunden, sie haben das Gefühl, nicht zu ihm durchdringen zu können, andere dagegen fühlen sich wie bedrängt, wie heimgesucht. Und es sind nicht nur die verzweifelten Fragen nach dem Warum, sondern ganz konkrete Erfahrung einer dunklen »Anwesenheit«.

Was erlebt die Seele des Verstorbenen? Sie hat ihr Leben abgebrochen. Alles, was sich noch hätte ereignen sollen, was noch hätte getan, geschaffen, erlebt werden können, ist unmöglich geworden. Es ist wie ein verlorener Schatz. Und alle Menschen, zu denen sie gehört, die sie hätte treffen und lieben können, sind auf der Erde und leben ihr Leben weiter. Nur sie selber ist davon ausgeschlossen. Es muss ihre Seele tiefe Trauer erfüllen. Dante beschreibt, dass diese Seelen in Sträucher verwandelt werden. Die Harpyien (raubgierige, vogelartige Ungeheuer) kommen und ernähren sich von den Blättern, was große Schmerzen verursacht. Die Seelen suchen nach Leibern:

… doch keiner darf sich wieder in sie kleiden,
denn was man selbst sich nahm, darf man nicht haben.

Hölle, 13. Gesang, 104–105.

Dante lässt die Seele, die dieses berichtet, von sich selbst sagen, dass sie gehandelt habe, »im Glauben durch den Tod die Schmach zu flieh'n«. Der Dichter gibt durch die Bilder ein Gefühlsverständnis. Wenn der Suizid aus der »Umnachtung« der Depression geschah, sind andere Überlegungen nötig. Die Tatsache, dass ein Lebenslauf abgebrochen wurde, bleibt. Wie lässt sich helfen, hier wie dort?

Trauer darf nicht sein

Bei vielen Menschen lebt – vielleicht unbewusst – die Vorstellung: »Trauer darf nicht sein.« Dahinter mag das dunkle Gefühl stehen, dass Trauern ein Zeichen von Schwäche ist. Man darf sich nicht gehen lassen, muss Haltung bewahren, besonnen bleiben, sich in Arbeit stürzen. Das erntet Bewunderung: »Großartig, wie er / sie damit fertig wird!« Vielleicht ist diese Haltung lange eingeübt. Oftmals erleben Kinder, dass ihr Kummer um einen vielleicht ganz kleinen Verlust nicht beachtet, oder nicht gewürdigt wird: »Stell dich nicht so an, das ist doch bloß … Mach lieber deine Hausaufgaben.« Wenn ein Kind diese Gebärde oft genug erlebt, prägt sie sich ein und bleibt ein Leben lang Muster, das sich später auf den großen Verlust durch den Tod überträgt. Trauer ist nicht wichtig. Sie wird durch energische Arbeit überwunden.

Wie viel ist im Leben wohl auf dieses Konto zurückzuführen? Goethe schrieb im zitierten Brief an Schiller: »... man ist dadurch nur für einen Augenblick gebessert und ich habe bemerkt, dass die Natur durch andere Krisen immer wieder ihr Recht behauptet.« Im späteren Leben wird es aber zunehmend schwierig, an »alte« Trauer heranzukommen und die Muster aufzulösen. Es ist ungeheurer Mut dazu erforderlich.

Ein anderer Hintergrund dieser Haltung kann sein, dass Menschen durch ihr religiöses Leben oder durch die Geisteswissenschaft so vertraut sind mit dem Tod und dem, was die Seele in der geistigen Welt nach dem Tod erlebt, dass sie in der Vorstellung leben: »Wenn ich trauere, wiederlege ich vor mir selbst, was ich von der göttlichen Welt, dem Tod und dem Leben danach weiß. Ich weiß, wie ich das Verhältnis zum Verstorbenen pflegen kann, ich fühle intensiv seine Nähe und weiß ihn auf dem Weg in seine Zukunft. Ich akzeptiere die Schicksalsführung, ja sehe mit Bewunderung auf sie, da gibt es doch *gar keinen Grund*, traurig zu sein.« Die Trauer ist aber trotzdem da. Der Verstorbene ist im täglichen Leben nicht mehr da, ich »kann ihn nicht mehr anrufen«. Diese Trauer ist vielleicht ganz hell, aber sie ist Trauer und braucht ihre Zeit.

»Verwaiste Eltern«

Viele Menschen akzeptieren die Trauer durchaus, meinen aber, sie dürfe nicht lange dauern. Besonders schmerzlich erleben das Eltern, die ein Kind erwartet und es nach kurzer Zeit durch eine Krankheit, einen Unglücksfall oder den rätselhaften »plötzlichen Kindstod« wieder verloren haben. Noch schlimmer ist es, wenn das Kindlein tot geboren wurde. Da kann es von der Umgebung den Kommentar geben: »Was, du bist immer noch traurig? Es hat doch noch nicht einmal gelebt.« Wer so spricht, blickt nur auf das ach so kurze Leben, er sieht nicht, dass die Eltern sich lange auf das Kind gefreut haben. Mit Liebe haben sie seine Ankunft vorbereitet und alles darauf eingestellt. Die Mutter hat die Entwicklung des neuen Lebens in sich gespürt. Es hatte sich ein Leben angekündigt, war auch erschienen – und dann ist da plötzlich Tod. Hier die Fassung zu bewahren, ist nicht leicht.

»Wir waren wir gelähmt.« Oder: »Nach der Totgeburt habe ich drei Tage lang geweint.« In vielen Familien gibt es solche »Himmelsgeschwister«, die kurz da waren und wieder gegangen sind. Sie bleiben als Schutzgeist, als segnender Engel bei der Familie.

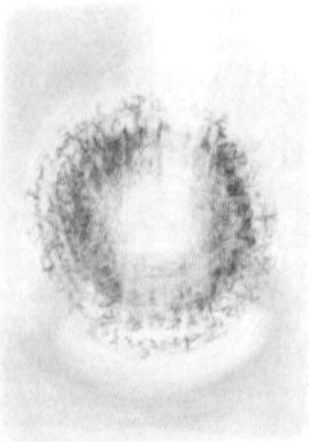

An den Toten

Ich geh in deine Stille ein,
Ich darf in deinem Frieden weilen,
den Weltall-Atem mit dir teilen,
Stern mit dir unter Sternen sein.

Du bist so nah, – so weltenweit!
Was als Erinnrung ich mir bilde,
wird Wohnung dir, Umkreis, Gefilde,
drin schauend sich dein Sein erneut.

Ruth Dubach

Auch deine Trauer

Alles in Blüte
aber du trauerst
um Eisblumen
Schnee und Schlittenpartie

Ein Freund ruft
Frühling
einen andern hat
das Erdbeben zerstört

Wein und Tanz
trösten dich nicht

Alles in Blüte
auch deine Trauer

Rose Ausländer

Unfähigkeit, zu trauern

Im Nachdenken über das Phänomen »Unfähigkeit« zeigt sich, dass es natürlich auch hier vieles geben kann, das die Empfindung der Trauer und damit eines Neubeginns blockieren. So kann es sein, dass die Angehörigen nach einer jahrelangen und schweren Pflege eines Menschen bei dessen Tod nur Erleichterung fühlen, oder die Kräfte so erschöpft sind, dass alle Gefühle verkümmert oder eingetrocknet sind. Erst nach einer Zeit der Erholung kann auch die Seele mit der neuen Situation leben und die eigentliche Trauer beginnen.

Ein häufiger Grund ist wohl das Erleben eines Schocks durch einen plötzlichen, unerwarteten Tod. Da wird ein Mensch aus seinem vollen, aktiven Leben gerissen, der vielleicht auf dem Weg zu einer wichtigen beruflichen Veränderung war. Oder ein junger Mensch kam fröhlich von einem Fest zurück und wollte in sein Studium gehen. Das unerwartet Plötzliche lähmt alle Empfindungen. Auch wenn im Nachhinein dieses oder jenes Zeichen als Ankündigung des Todes gelesen werden kann, so war dies doch im Strom des täglichen Lebens nicht zu bemerken gewesen. Besondere Tragik besteht darin, den nahenden Tod bei einem schwer Kranken nicht wahrhaben zu können oder zu wollen. So sehr es wichtig ist, immer auf Heilung zu hoffen, so ist es daneben nötig, sich keinen Illusionen hinzugeben. Sie verstellen den Blick auf den Tod und verhindern die innere Vorbereitung darauf. Der Schock muss dann in der Konfrontation mit der Wirklichkeit kommen und das Gefühl erstarrt. »Auf die Frage an eine Trauernde, was sie empfände, antwortete diese unter Tränen: ›NICHTS.‹ Das ›NICHTS‹ half ihr, in Isolation zu verharren und einen Schutzraum zu kreieren, um sich nicht der Realität des Verlustes stellen zu müssen.« (aus: Dorothea Stockmar, *Ein Netz das trägt.*)

Auch Menschen in der Umgebung von Leidtragenden können bei sich feststellen, dass sie keine Trauer empfinden. »Eigentlich müsste mir dieser Tod nahegehen, aber es ist nicht so. Bedeutet das etwas? Und wenn ja, was?« Vermutlich ist diese Erkenntnis Anlass zum Überdenken der gesamten Situation und der kleine Schock wird Anfang von etwas Neuem, von Verstehen und Verzeihen, oder auch vom Beenden einer Beziehung.

Die Unfähigkeit zu trauern ist ein Buchtitel. Die Psychologen Alexander und Margarethe Mitscherlich haben in den 50-iger und 60-iger Jahren des vorigen Jahrhunderts festgestellt, dass in Deutschland die Erlebnisse des Krieges und vor allem der Zeit des Nationalsozialismus allzu rasch in Vergessenheit geraten, bzw. verdrängt worden sind, im Sinne von: »Das Gewesene ist vorbei, ich möchte nicht mehr hinschauen, nicht wahrhaben, was geschehen ist und wie ich vielleicht selbst involviert gewesen war.« Das heißt, dass die Beziehung zur Vergangenheit ignoriert und das eigene Lebensgefühl und Mit-Gefühl abgekoppelt wurde. Die Tatsache, dass die gesamte Thematik lebendig ist und fortwährend neue Bücher, Filme, Lebenserinnerungen etc. erscheinen, spricht davon, dass der Trauerprozess immer noch nicht zu Ende ist, auch wenn die Generation der Menschen, die alles miterlebt haben, bald ganz über die Schwelle des Todes gegangen sein wird.

In Trauer versinken

Eine weitere Tendenz ist die, aus der Trauer nicht mehr herausfinden zu können, in fortwährenden Wiederholungen der Klage zu versinken, den Tränen nicht Einhalt gebieten zu können. Einerseits ist es individuell sehr verschieden, wie viel Zeit der Einzelne für das Durchleben der aktuellen Trauer braucht, andererseits gibt es den Augenblick, von dem an es nicht mehr gut ist, sich gewissermaßen »im Kreis zu drehen«. Oft gehen damit Anklagen an das Schicksal einher, ein Hadern mit dem Verlust, der einen getroffen hat.

Manchmal scheint es auch so, als würde die Liebe zum Verstorbenen erst dadurch wieder so richtig bewusst, und die Klage ist Ausdruck der Verlassenheit.

An dieser Stelle trifft man dann auf das Phänomen des Selbstmitleids. C.S. Lewis schrieb: »Ich verbringe nicht nur jeden endlosen Tag in Trauer, sondern ich verbringe jeden Tag damit, darüber nachzudenken, dass ich jeden Tag in Trauer zubringe … Was soll ich tun?« (C.S. Lewis, *Über die Trauer.*)

Die amerikanische Schriftstellerin Joan Didion hat in dem Buch *Das Jahr magischen Denkens* ihre Trauer über den plötzlichen Tod ihres Mannes mit aller Genauigkeit beschrieben. Dabei kommt sie schließlich auch zu dem Punkt: »Die Frage des Selbstmitleids. Für Trauernde ist Selbstmitleid ein großes Thema. Es beunruhigt uns, wir fürchten es, wir geißeln unser Denken für jedes seiner Zeichen. Wir haben Angst, dass das, was wir tun, den Zustand offenbart, der so sprechend als ›sich darin einrichten‹ bezeichnet wird. Wir verstehen die Abneigung, die die meisten von uns gegen dieses ›sich darin einrichten‹ haben. […] Schon die Sprache, die wir gebrauchen, wenn wir über Selbstmitleid nachdenken, verrät die tiefe Abscheu, mit der wir es bedenken: Selbstmitleid heißt: sich selber leid tun, heißt: Oh weh, ich armes Würmchen, Selbstmitleid ist der Zustand, in dem die, die sich selbst leid tun, schwelgen. Selbstmitleid ist die gewöhnlichste und die universell am heftigsten verunglimpfte unserer Charakterschwächen, seine schädliche Zerstörungswut wird als Tatsache akzeptiert. ›Unser schlimmster Feind‹, wie Helen Keller es nannte.«

Das sind harte Worte. Joan Didion relativiert sie im Folgenden, wenn sie meint, dass man als Witwe doch viele Gründe habe, sich selbst leid zu tun. Selbstverständlich ist das so. Dennoch ist Selbstmitleid eine »Selbstbezüglichkeit«, die, wenn man sie genau ansieht, den schlichten Namen »Egoismus« trägt. Helen Keller hatte wohl recht, es unseren schlimmsten Feind zu nennen. Es bannt in den »Trauerkreis« und hemmt jeden Fortschritt.

Jacques Lusseyran, der französische Schriftsteller, war als Kind von 8 Jahren durch einen Unfall erblindet. Er erzählt: »Ich habe ein außerordentliches Glück gehabt, nämlich Eltern zu haben, die sogleich verstanden hatten. Weder meine Mutter, noch mein Vater haben mich jemals in meinem Schicksal bemitleidet. Niemals haben sie vor mir das Wort Unglück ausgesprochen. Insbesondere mein Vater, der das spirituelle Leben tief verstand, hat mir sogleich gesagt: ›Sag es jedes Mal, wenn du etwas entdeckst.‹ Immer weiter entdecken. Er hatte recht. Es geht nicht darum zu trösten, weder die, die das Augenlicht verlieren, noch die, die sonst irgendetwas verlieren – das Vermögen, die Gesundheit oder einen lieben Menschen. Es ist vielmehr nötig, ihnen zu zeigen, was dieser Verlust ihnen bringt, ihnen die Geschenke zu zeigen, die sie anstelle des Verlorenen empfangen. Denn es gibt immer Geschenke. Gott will es so. Die Ordnung stellt sich wieder her. Nichts vergeht jemals.«

(Jacques Lusseyran, *Ein neues Sehen der Welt.*)

Jede dieser Tendenzen hat einen bestimmten Charakter. In der Hilflosigkeit fehlen orientierende Gedanken. In der Unfähigkeit, zu trauern ist das innere Leben erstarrt und bedarf neuer Bewegung, die in der Trauer versinkende Seele dagegen braucht neue Formkraft.

Vor dem Hintergrund der beschriebenen Phänomene stellt sich noch einmal die Frage: »Was ist der Tod?« Er ist allgegenwärtig. Täglich hören wir vom Tod vieler Menschen. In der Natur um uns ist er die Kraft, aus der neues Leben kommt. Er begleitet uns immer und überall. Was ist er? Ist er ein Ende, bei dem in einem Organismus Lebensäußerungen aufhören und dieser anfängt, zu zerfallen? Gibt es eine Seele, die in einem lebendigen Leib »gewohnt«, einen Geist, der das Leben gestaltet hat? Was wird aus ihnen im Tod? Hören sie auf zu existieren? Wenn das so ist: Haben sie dann vorher existiert? Diese Fragen stellen, heißt: auf einen Widerspruch aufmerksam werden, der in vielen Mensch der Gegenwart lebt. Von der Seite der Naturwissenschaft werden Seele und Geist als physiologische oder chemische Prozesse, vornehmlich im Gehirn, gedacht. Jeder Mensch weiß aber, dass er zu sich »ich« sagt, und nicht »meine Sowieso-Synapse« erlebt Freud und Leid. Nein, *ich* erlebe das, als eine ganz eigene Wirklichkeit. Was geschieht also mit Geist und Seele im Tod? Leben sie ohne den Leib weiter?

Die Anwesenheit lieber verstorbener Menschen kann man deutlich wahrnehmen durch ein Gefühl warmer Nähe, durch Gedanken, die sich mit einem Mal diesem Menschen zuwenden, dankbar oder auch fragend. Er lebt und ist da. Werde ich selber auch »leben« und bei den Menschen sein können, zu denen ich gehöre? Kenne ich in mir den inneren Punkt, in dem ich weiß, dass ich etwas anderes bin als mein Leib und diesen nur als »Kleid« trage?

Mit solchen Gedanken und Erfahrungen wird der Tod eine Schwelle, über die man geht, ein Tor, durch das man tritt, aus einer Welt in eine andere Welt, von »hier« nach »dort«.

Das Leben führt uns zu vielen »Schwellen«, Ereignissen, Augenblicken, in denen es gilt, Abschied zu nehmen. Sie alle sind Vorübungen des Sterbens und müssten uns eigentlich auf das große Sterben vorbereiten. Eine solche Schwelle ist der Übergang von der Kindheit zur Jugend, der in der Konfirmation einen Bezugspunkt hat. Eduard Mörike hat in einem Gedicht dazu Gedanken festgehalten, die bei allen Abschieden mitschwingen.

Rückblick
(zu einer Konfirmation)

Bei jeder Wendung deiner Lebensbahn,
Auch wenn sie glückverheißend sich erweitert
Und du verlierst, um Größres zu gewinnen:
Betroffen stehst du plötzlich still, den Blick
Gedankenvoll auf das Vergangne heftend;
Die Wehmut lehnt an deine Schulter sich
Und wiederholt in deine Seele dir,
Wie lieblich alles war, und dass es nun
Damit vorbei auf immer sei, auf immer!

Ja, liebes Kind, und dir sei unverhohlen:
Was vor dir liegt von künftgem Jugendglück,
Die Spanne misst es einer Mädchenhand.
Doch also ward des Lebens Ordnung uns
Gesetzt von Gott; den schreckt sie nimmermehr,
Der einmal recht in seinem Geist gefasst,
Was unser Dasein soll. Du freue dich
Gehabter Freude; andre Freuden folgen,
Den Ernst begleitend; dieser aber sei
Der Kern und sei die Mitte deines Glücks!

Eduard Mörike

Wehmut und Glück, Freude und Ernst – in unzähligen Gegensätzen spielt das Leben der Seele, wie in einem großem Ein- und Ausatmen. Wer in seinem Leid erstarrt ist, hat diese lebendige Vielfalt verloren und muss sie zurückgewinnen. Wie kann er das?

Ein wunderbares Mittel ist die Sprache. So schwer es oft fällt, gerade in solchen Situationen überhaupt zu sprechen, so wohltätig sind Laut und Rhythmus von Gedichten und die Bilder, die aus diesen Lauten entstehen. Man kann zum Beispiel ein kleines Gedicht, und sei es vom Inhalt her im Augenblick auch gar nicht »passend«, vor sich hinsprechen, nicht nur ein Mal, sondern immer wieder, bis die Kraft der Sprache die Lebenskräfte wieder aufbaut. In solchen Situationen braucht man sich auch nicht zu scheuen, das Vaterunser so zu wiederholen. Im Auswendiglernen von Gedichten ist die Wiederholung sozusagen schon mit enthalten. Ein Anderer findet sich in einem Lied und singt es immer wieder vor sich hin. Wenn es genug ist, entsteht die Lust auf Veränderung und Ideen stellen sich ein, was als nächstes »dran« wäre.

Ein wunderschönes Beispiel ist der 23. Psalm Davids. In der folgenden Fassung sind nach den einzelnen Sätzen Gedanken eingeschaltet, die gewissermaßen »erklären«, woher die heilende Wirkung dieser Worte stammt. In diesem Psalm gewinnt man einen treuen Begleiter.

Der 23. Psalm

Der HERR ist mein Hirte, mir wird nichts mangeln.

> Der »Herr«, der »Jahve« heißt, das ist: »Ich bin, der Ich bin«, ist der Begleiter und Führer meines ganzen Lebensweges, sodass ich durch Ihn alles haben und nichts entbehren werde, was ich auch in der *physischen* Welt wirklich brauche.

Er weidet mich auf einer grünen Aue und führet mich zum frischen Wasser.

> Wenn ich mich an Ihn halte, dann fehlt mir nicht die *Sphäre der Lebenskräfte*, aus der immer wieder reinste Belebung entspringt.

Er erquicket meine Seele.

> Er spendet meiner *Seele* mit ihren inneren Nöten alles, was sie harmonisieren kann.

Er führet mich auf rechter Straße um seines Namens willen.

> Er ist Derjenige, aus dem heraus ich meine richtige Schicksalsbahn finden kann, und zwar durch die Kraft Seines

»Namens«, seines Geistwesens, wenn ich diese in mein *Ich* aufnehme.

Und ob ich schon wanderte im finstern Tal, fürchte ich kein Unglück, denn Du bist bei mir, Dein Stecken und Stab trösten mich.

Auch wenn mein Schicksal mich in Dunkel und Not führt, so empfinde ich in meinem *höheren Selbst* die Geistesgegenwart des Hirten, die mich vollauf tröstet.

Du bereitest vor mir einen Tisch im Angesicht meiner Feinde. Du salbest mein Haupt mit Öl und schenkest mir voll ein.

Du spendest mir das Heilige Mahl, selbst in der größten Gefahr, und schenkest mir damit die höchste Kräftigung meines *Lebensgeistes.*

Güte und Barmherzigkeit werden mir folgen mein Leben lang, und ich werde bleiben im Hause des Herrn immerdar.

Das Beste meines Lebens – nach innen und nach außen: »Güte« und »Barmherzigkeit« – werden nicht verloren gehen, mir nie in ihrer Weiterwirksamkeit genommen werden können von den Widersachern; sie werden mir zugutekommen, und dadurch werde ich mit meinem *neuen Leibe* immerdar verbunden bleiben mit dem wahren und ewigen »Hause Gottes«, mit dem Tempel der neuen Welt.

(Übersetzung von Martin Luther,
Erweiterungen von Eberhard Kurras)

Einem anderen entspricht es mehr, in die Natur zu gehen. Der rhythmische Schritt, der tiefere Atem in der frischen Luft tun wohl und die äußere Bewegung überträgt sich allmählich nach innen. Sehr schön ist es, jeden Tag den gleichen Weg zu gehen. Jede Wendung wird vertraut, die Veränderungen der Farben, der Lichtverhältnisse werden wieder »sichtbar« und der Atem der Seele beginnt sich zu regen.

Bei der Suche nach Lösung, Er-Lösung aus der inneren Lähmung brauchen wir uns gegenseitig, brauchen wir Ermunterung, Ideen für die richtige Tätigkeit und anregende Begleitung: »Sieh mal ...«

Das »Versinken« in der Trauer gleicht in manchem der Erstarrung, etwa in den Wiederholungen der Klagen. Darüber hinaus fehlt eine formende Kraft.

Es gibt zwei Volksmärchen, die dieses Problem beschreiben, es ist also recht alt: die beiden Märchen »Das Totenhemdchen« und »Das Tränenkrüglein«. In beiden ist die Mutter in Klage versunken. Durch die Begegnung mit dem verstorbenen Kind wird sie »aufgeweckt«, sie erlebt einen Ruck, durch den sie sich von den eigenen Gefühlen distanzieren kann. Sie findet da nicht nur Ruhe, sondern wird sogar aus der Welt der Verstorbenen beschenkt.

Das Totenhemdchen

Es hatte eine Mutter ein Büblein von sieben Jahren, das war so schön und lieblich, dass es niemand ansehen konnte, ohne ihm gut zu sein, und sie hatte es auch lieber als alles auf der Welt. Nun geschah es, dass es plötzlich krank ward, und der liebe Gott es zu sich nahm; darüber konnte sich die Mutter nicht trösten und weinte Tag und Nacht. Bald darauf aber, nachdem es begraben war, zeigte sich das Kind nachts an den Plätzen, wo es sonst im Leben gesessen und gespielt hatte; weinte die Mutter, so weinte es auch, und wenn der Morgen kam, war es verschwunden. Als aber die Mutter gar nicht aufhören wollte zu weinen, kam es in einer Nacht mit seinem weißen Totenhemdchen, in welchem es in den Sarg gelegt war, und mit dem Kränzchen auf dem Kopf, setzte sich zu ihren Füßen auf das Bett und sprach: »Ach, Mutter, höre doch auf zu weinen, sonst kann ich in meinem Sarge nicht einschlafen; denn mein Totenhemdchen wird nicht trocken von deinen Tränen, die alle darauf fallen.« Da erschrak die Mutter, als sie das hörte, und weinte nicht mehr. Und in der andern Nacht kam das Kindchen wieder, hielt in der Hand ein Lichtchen und sagte: »Siehst du, nun ist mein Hemdchen bald trocken und ich habe Ruhe in meinem Grab.« Da befahl die Mutter dem Lieben Gott ihr Leid, und ertrug es still und geduldig, und das Kind kam nicht wieder, sondern schlief in seinem unterirdischen Bettchen.

Das Tränenkrüglein

Es waren einmal eine Mutter und ein Kind, und die Mutter hatte das Kind, ihr einziges, lieb von ganzem Herzen und konnte ohne das Kind nicht leben und nicht sein. Aber da sandte der Herr eine große Krankheit, die wütete unter den Kindern und erfasste auch jenes Kind, dass es auf sein Lager sank und zum Tod erkrankte. Drei Tage und drei Nächte wachte, weinte und betete die Mutter bei ihrem geliebten Kinde, aber es starb. Da erfasste die Mutter, die nun allein war auf der ganzen Gotteserde, ein gewaltiger und namenloser Schmerz, und sie aß nicht und trank nicht und weinte weinte weinte wieder drei Tage lang und drei Nächte lang ohne Aufhören, und rief nach ihrem Kinde. Wie sie nun so voll tiefen Leides in der dritten Nacht saß, an der Stelle, wo ihr Kind gestorben war, tränenmüde und schmerzensmatt bis zur Ohnmacht, da ging leise die Türe auf, und die Mutter schrak zusammen, denn vor ihr stand ihr gestorbenes Kind. Das war ein seliges Englein geworden und lächelte süß wie die Unschuld und schön wie Verklärung. Es trug aber in seinen Händchen ein Krüglein, das war schier übervoll. Und das Kind sprach: »O lieb Mütterlein, weine nicht mehr um mich! Siehe in diesem Krüglein sind deine Tränen, die du um mich vergossen hast; der Engel der Trauer hat sie in dieses Gefäß gesammelt. Wenn du nur noch eine Träne um mich weinest, so wird das Krüglein überfließen, und ich werde dann keine Ruhe haben im Grabe und keine Seligkeit im Himmel. Darum, o lieb Mütterlein, weine nicht mehr um dein Kind, denn dein Kind ist wohl aufgehoben, ist glücklich, und Engel sind seine Gespielen.« Damit verschwand das tote Kind und die Mutter weinte hinfort keine Träne mehr. Um des Kindes Grabesruhe und Himmelsfrieden nicht zu stören, um des Kindes Seligkeit willen weinte sie keine Träne mehr, bezwang sie ihren ungeheuern tiefen Seelenschmerz. So stark und mächtig ist Mutterliebe!

Was in den beiden Märchen der Mutter aus ihrem Schmerz heraushilft, ist eine Traumbegegnung mit dem verstorbenen Kind. Es gibt Menschen, die eine entsprechende Begegnung mit sich selbst erlebt haben, als sie mit einem Mal bemerkten, wie sich ihre Trauer im Kreis drehte und sie eigentlich selbst ihr Gegenstand waren. Das Erschrecken darüber wurde Anstoß, jetzt selbst aktiv zu werden und einen Ausweg zu suchen, zum Beispiel im Anschauen größeren Leides. Das Kreuzigungsbild des Isenheimer Altares wurde da eine Hilfe. Schon die Abbildung im Buch ist hilfreich, noch besser ist es, sich ganz praktisch auf den Weg zu machen und nach Colmar zu fahren. Vielleicht gibt es aber auch in der eigenen Stadt Kunstwerke, die man anschauen und daran erleben kann, dass der eigene Schmerz vor größerem Schmerz zurücktritt – so wie auch Biografien anderer Menschen im eigenen Schicksal neue Bewertungen anregen.

In der Erzählung »Das gnadevolle Getreidefeld« von Herbert Hahn finden sich viele Motive, von denen schon die Rede war. Zugleich dringt sie in eine neue religiöse Dimension vor.

Das gnadevolle Getreidefeld

Wir sprachen davon, wie kranke Menschen oft auf wunderbare Weise ihre Gesundheit wiedergefunden haben. Eine Freundin, die lange Jahre in Indien gelebt hatte, erzählte: »Ich hatte damals mein drittes Kind, einen lieben anderthalbjährigen Knaben, durch eine der rätselhaften Krankheiten jener Gegend verloren. Ich konnte mich über den Verlust des Kindes gar nicht trösten. Eine schwere Melancholie überkam mich, meine Nerven litten. Ich konnte weder richtig essen mehr, noch schlafen. Alle Anwendungen und Medikamente halfen nicht. Mein Mann war verzweifelt, und mich selbst quälte die Sorge um ihn und meine beiden anderen, jetzt so vernachlässigten Kinder am meisten.

Eines Tages besuchte uns in unserem Hause einer jener ›geistig Wissenden‹, die es in Indien gibt. Er erfuhr von meinem Zustand, betrachtete mich aufmerksam und sagte dann: ›Ihnen wird durch andere Menschen nie richtig zu helfen sein. Sie müssen selber etwas tun für Ihre Heilung.‹ Und er riet mir etwas Einfaches: ›Gehen sie jetzt und in den nächsten Wochen viel hinaus und schauen darauf hin, wie die Pflanzen keimen und wachsen. Suchen Sie sich Pflanzen aus, zu denen Sie täglich hingehen. Dann: hören Sie für bestimmte Momente auf, der Pflanze als eine Fremde gegenüberzustehen. Lassen Sie all Ihre beengenden und peinigenden Gedanken beiseite und versuchen Sie, selbst die Pflanze zu sein. Spüren sie richtig, wie Sie mitwachsen. Das Nähere will ich Ihnen nicht beschreiben: Sie finden es in der Übung.‹

Ich dankte dem Mann und ging am nächsten Morgen mit einer allerdings schwachen Hoffnung zu Werk. Die Gelegenheit konnte günstiger nicht sein: Unweit von unserem Hause war ein mächtiges Weizenfeld, durch das mitten hindurch ein Weg führte. Die Halme waren am Sprossen. – Als ich am ersten Tage ging, konnte ich nicht viel mehr zuwege bringen, als dass ich den frischen Duft des wachsenden Getreides einigermaßen bewusst einatmete. In den nächsten Tagen brachte ich es so weit, mir die Form der Getreidegräser längere Zeit genau anschauen zu können, ohne von meinen nagenden Gedanken abgeleitet zu werden. Es ging nun Stück für Stück voran, und ich bemerkte zu meiner Freude, dass ich nachts allmählich tiefer schlief.

Als es mir zum ersten Mal geglückt war, sowohl beim Hinweg wie auch beim Rückweg ganz bei den Weizenhalmen zu bleiben, hatte ich in der nächsten Nacht einen Traum. Mit träumte, dass mein verstorbenes Söhnchen mit einem Ährenkranz um den Kopf, mit Ähren in der Hand und in einen Überwurf von Ähren gekleidet, mir auf meinem Wege entgegentrippelte. Es streckte mir sein Händchen entgegen, lachte, konnte sprechen und sagte: ›Sieh doch, durch wie viel Sonne bin ich bei dir.‹ Es berührte dann mit einer Ähre meine Stirn. Ich wachte auf: Die Bilder vergingen, aber das Gefühl der reinen Berührung blieb. Ich spürte so, als ob mein Kind mir ganz nahe sei. Und als ich wieder zu den Halmen ging, nahm ich es mit. Ich stellte mir vor, wie es mit den Halmen in seiner Art sprach, wie es sie liebkoste und auch wieder, wie es sich einkleidete in lauter Halme. Und was ich von mir aus noch nicht erreicht hatte, jetzt war es möglich: Ich konnte in den Halmen drinnen sein.

Wie soll ich es sagen: Ich genas. Leiblich und bis in meine Seele hinein. Meine Gänge in das Feld setzte ich, jetzt mehr aus Dankbarkeit, fort, bis die Zeit des Schnitts gekommen war. Als das Getreide gemäht war und ich zum ersten Mal abends den Weg entlang ging, hatte ich ein unerwartetes, mich im tiefsten Wesen berührendes Erlebnis. Es fällt mir schwer, etwas darüber zu sagen, aber meine Erzählung wäre nicht ehrlich und vollständig, wenn ich es nicht wenigstens andeutete.

Ich war mir in der kurz darauf folgenden Zeit selbst wenig klar über das, was ich erlebt hatte. Aber das trat als Folge ein: Ich, die vor mehreren Jahren schon aus aufklärerischer Kritik heraus alle religiösen Schriften beiseitegeschoben hatte, nahm auf einmal das Evangelium in die Hand. Ich las die verschiedenen Stellen, die vom Weizen, vom Getreide überhaupt handeln. Und ich muss sagen: Plötzlich verstand ich sie.

Meine Umgebung war über die Genesung überaus glücklich. Ich konnte wieder meinen früheren Pflichten nachgehen. Ich konnte wirklich mehr arbeiten. Trotz des anstrengenden Klimas kannte ich eine eigentliche Müdigkeit kaum mehr.

Nach einiger Zeit kam auch der Mann, der mir den guten Rat gegeben hatte, und überzeugte sich von meiner Genesung. Ich erzählte ihm, wie die Dinge gelaufen waren. Zunächst konnte er alles gut verstehen. Dann aber kam ein Punkt, an dem ich merkte: Er folgte mir nicht mehr recht. ›Ja haben Sie denn diese Übung selbst noch nicht gemacht?‹, fragte ich erstaunt. ›An Getreidehalmen noch nie‹, sagte er. ›Und Sie sprechen von einem Wesen‹, fuhr er fort, ›dem Sie zuletzt begegnet sind. – Wie können Sie es mir bezeichnen?‹ Ich sann eine Weile, wie ich es ihm am besten sagen sollte, und sprach: ›Es ist der Herr des Brotes.‹ Er senkte seinen Blick. ›Dann habe ich Ihnen zu mehr geraten, als ich selbst bislang gewusst habe‹, sagte er.«

Mit der Trauer leben

Wenn der Regen verklingt …

Plötzlich Stille …
Was noch eben wie ein Reden war,
perlend, plätschernd plaudernd Ruhe – Raunen,

wird nun Fülle.
Schweigend wird das Wesen offenbar,
das sich eint dem nächtlich tiefen Staunen.

An der Schwelle,
wo das Liebste scheinbar dir entschwand,
übe dich in hingegebnem Lauschen:

Sel'ge Quelle,
die zur Mitternacht dich wachend fand,
will mit dir der Gnade Strömung tauschen.

Ruth Dubach

Die Erschütterung durch den Tod ist die Quelle der Trauer. Aus ihr steigt sie auf und erfüllt die Seele. Bei allen äußerlich notwendigen Tätigkeiten zieht sie sich in den Hintergrund zurück, ist im Untergrund aber immer da und lebt in den Pausen auf. Meist sind viele Menschen da, Verwandte,

Freunde, die vielleicht angereist sind für die Bestattungsfeier. Sie tragen den oder die Trauernden durch ihr Mitgefühl. Auf die Bestattung selbst folgt vielleicht eine Gedenkfeier, in der Christengemeinschaft eine Menschenweihehandlung für den Verstorbenen. Erst wenn »alles vorbei ist«, die Freunde abgereist sind und das alltägliche Leben neu gegriffen werden muss, kehrt die Ruhe wieder. Nach einer Zeit voller Aktivität wird in der Ruhe die Stille spürbar und im ersten Alleinsein klopft die Einsamkeit an, die ein vertrauter Freund werden wird.

Jetzt fängt die »Zeit der Trauer« eigentlich erst an. Es beginnen die einsamen Spaziergänge und die stillen Stunden zu Hause, in denen die Erlebnisse und Erinnerungen durch die Seele ziehen. Es tut wohl, ihnen Raum geben zu können. Oft geht es in den nächsten Tag und Wochen, ja Monaten und sogar nach Jahren noch durch den Sinn: »Das muss ich ihr / ihm erzählen.«

Nach und nach kommt zum Bewusstsein, dass in dem großen Verlust viele kleine Verluste enthalten sind. Es wird ausgelöst durch die verschiedenen Erfordernisse des Lebens. Man kann sich aber auch vornehmen, ganz langsam den Kreis des Lebens durchzugehen und die einzelnen Verluste aufzufinden. Suchen wir ein Beispiel:

Nehmen wir an, bei einem älteren Ehepaar sei der Mann gestorben. Was bedeutet das im Einzelnen? Es ist der Ehemann gestorben. Das Paar hat sich vielleicht schon in der Jugend kennengelernt und ein ganzes Leben miteinander gelebt. Aus jungen Leuten sind sie durch die Jahre und viele Erlebnisse älter und alt geworden, Freud und Leid haben sie miteinander erlebt, sich gegenseitig getröstet und sich gegenseitig ertragen gelernt. Ihre Lebenskräfte, die die gemeinsamen Erinnerungen tragen, sind »zusammengewachsen«. Und nun ist der eine fortgegangen, die »bessere Hälfte«, wie wir scherzhaft sagen. Eine Einheit ist auseinandergerissen. »Ich bin doch eine einzige Wunde!«, sagt die Ehefrau dazu.

Es ist aber auch der Vater der Kinder gestorben. So verschieden die Beziehungen zwischen dem Vater und den Kindern auch waren, ob Söhne sich am Vater gerieben, Töchter ihn besonders geliebt haben, er war als Vater im Leben der Kinder immer da gewesen. Ein gewisses Gefühl von Beschütztsein ist da, solange der Vater lebt. Ist er gestorben, ist Tochter oder Sohn nun selbst die oder der Älteste in der Generation und übernimmt die »Vater«-Rolle für seine Kinder.

Und es ist der Großvater der Enkelkinder gestorben. »Hast du deinen Opa noch gekannt?« – »Nein, der ist schon lange tot.« Oder: »Oh ja! Ich habe viel mit ihm gemacht. Er hat meine Spielsachen repariert und mir draußen viel gezeigt!« Welcher Unterschied im Lebensgefühl der Enkel.

Es ist der nächste Gesprächspartner gestorben. Durch die Erlebnisse des gemeinsamen Lebens ist ein besonderes Vertrauen zueinander gewachsen, in dem alles besprochen werden konnte. Wo ein Partner war, ist jetzt Leere.

Es ist der »Mitarbeiter« gestorben, der alles Finanzielle regelte, zur Bank und zum Finanzamt ging, das Auto in die Werkstatt brachte etc. Auch der »Hausmeister« ist nicht mehr da, der die quietschende Tür reparierte, das Heizöl bestellte, die Wasserhähne entkalkte, den Rasen mähte …

Gerade alle diese praktischen Fragen machen den Verlust so schmerzlich und sie stellen die Witwe vor neue Aufgaben. Sie muss nicht nur alle diese Dinge jetzt selbst in Ordnung bringen, obwohl sie manchmal nicht weiß, wie das gehen soll, aber vor allem ist sie jetzt allein dafür verantwortlich. Es ist eine ungeheuer große Umstellung, alles, was man ein Leben lang »abgegeben«, oder was man gemeinsam getan hatte, wieder an sich zu nehmen und allein zu verantworten. Hier sind die Ansatzpunkte für das von Joan Didion akzeptierte Selbstmitleid.

Dies sind die »kleinen Verluste« im »großen Verlust« im privaten Bereich. Im beruflichen Umfeld sind noch viele andere zu finden.

Bei jeder neuen Erkenntnis wellt die Trauer wieder auf – und sicherlich oft auch das Bedauern, vieles nicht besser besprochen zu haben.

Was hier an einem Beispiel, das man vielleicht »urbildlich« nennen kann, da es sozusagen »ideale Verhältnisse« beschreibt, bedacht wurde, war früher der Inhalt der Totenklagen. In aller Ausführlichkeit wurden der Tod eines Menschen, seine Lebensumstände und seine Bedeutung als Persönlichkeit besungen. Was wir heute in Gesprächen bewegen, im Tagebuch oder in Briefen beschreiben, wurde mit großer Kunst aus dem Stegreif gedichtet und in archaischen Melodien gesungen.

Hier ein Exkurs in diese Welt.

Totenklagen

Griechenland

Das wohl älteste schriftliche Zeugnis einer Totenklage ist am Ende der *Ilias* zu finden. Das große Gedicht vom Kampf um Troja mündet in die Totenklage um Hektor, den Helden von Troja. Andromache, seine Frau, Hekuba, seine Mutter, und Helena, um die der Krieg entbrannt war, besingen seinen Tod. Eindrucksvoll schildert Homer, wie Hektor auf einem schönen Gestell, belegt mit kostbaren Decken und Teppichen, im Haus aufgebahrt wird und die Sänger sich um ihn gruppieren, um »anzuheben die Klag; und gerührt mit jammernden Tönen sangen sie Trauergesang, und ringsum seufzten die Frauen«. Andromache versteht, dass sie nun Witwe ist und ihr Söhnlein Waise. Sie erzählt von seinen Taten und beklagt, dass sie nicht bei seinem Tod dabei war, wie sie es gewesen wäre, wenn er betagt in seinem Bett gestorben wäre. Wie wird ihre Zukunft ohne ihn sein? Auch Hekuba singt von seinen Taten, aber vor allem davon, was er ihr bedeutet hat, wie er ihr liebster Sohn gewesen ist, dem Herzen am nächsten. Helena, in Troja fremd, aus Griechenland gekommen, stimmt auch in den Klagegesang ein. Sie beschreibt vor allem sein Wesen: »Immer besänftigtest du und redetest immer zum Guten, durch dein freundliches Herz und deine freundlichen Worte.«

In unendlichen Strophen und Wiederholungen sangen die Menschen vom Leben des Verstorbenen, von dem, was er getan und gewollt hat, was er für die Umgebung bedeutete.

Was aus mythischer Zeit herüberkommt, hat bis ins vorige Jahrhundert hinein in Griechenland noch gelebt. Der große englische Reiseschriftsteller Patrick Leigh Fermor hat in der ersten Hälfte des 20. Jahrhunderts Griechenland in allen Richtungen durchwandert und ein wunderschönes Buch über die Halbinsel Mani geschrieben. Dort hat er erfahren, dass es die archaischen Totenklagen noch genauso wie vor Jahrhunderten und Jahrtausenden gab.

»Ich wurde nie Zeuge eines Begräbnisses auf der Mani, aber es gelang mir, einiges über die Totenklagen in Erfahrung zu bringen. Die Ranghöchste unter den Klageweibern tritt an das Kopfende des Sarges und beginnt mit der *klama*, der Beweinung. Sie hat die Aufgabe, alle Gäste in der Reihenfolge ihrer Wichtigkeit zu begrüßen und nach Möglichkeit jedem einzelnen ein Kompliment oder ein paar Worte des Danks für sein Erscheinen auszusprechen. Im Anschluss daran kommt die eigentliche Totenklage, und sie einwickelt sich trotz des beinahe ekstatischen Vortrags in einem logischen Dreischritt aus Proömium, Exegese und Epilog. Im Verlauf des Trauergesangs werden die Knie steif, das Haar fällt wirr herab, das Kopftuch wird mit beiden Händen straff über die Schultern gespannt und zu dem getragenen Rhythmus wie eine Säge waagrecht hin- und hergezogen. Die Sängerin schlägt sich an die Brust und zerkratzt sich die Wangen; oft wird der Gesang immer schneller, bis er schließlich in Heulen und unverständliche Klagelaute mündet. Wenn der Tote einer Fehde zum Opfer gefallen ist, kann es sein, dass der Grabgesang mit schrecklichen Flüchen und Racheschwüren endet. Die Sängerin reißt sich büschelweise die Haare aus und schleudert sie in den offenen Sarg – genau in der Art von Achilles und den Myrmidonen, die ihr geschorenes Haupthaar auf die Bahre des Patroklos warfen. Wenn die erste Sängerin erschöpft ist, übernimmt eine andere die *klama*, sie beginnt mit tröstenden Worten für die Hinterbliebenen, daran schließen sich Komplimente an die Gäste und eine Lobrede auf den Verstorbenen an. Wenn auch sie verstummt, folgt eine dritte und so weiter [...] Die Werkzeuge seines Handwerks werden rhetorisch beschworen: Wenn der Tote Schäfer war, wird gefragt, wie die Schafe und Hammel sich trösten werden und was aus seinem Hirtenstab und seiner Wasserflasche wird. Alles – belebt wie unbelebt – beweint jetzt den verlorenen Herrn. Bei einem Maurer werden Ziegel, Mörtel und Kelle beschworen; bei einem Soldaten sein Gewehr und sein Bajonett; bei einem Lehrer Tafel und Kreide; bei einem Anwalt Aktentasche und Rednerpodium, Urkunden und die Bürokratie. Auch zu Hause trauert alles – Tische und Stühle, Webrahmen, Handmühle, Olivenpresse, Sättel und Mauersteine, die Blätter der Olivenbäume und die Dornen der Feigenkakteen. Was soll aus ihnen werden? Man hat ihnen Sonne und Mond genommen, den Wind, der die Blätter rauschen ließ. Er war ein Löwe, ein Adler, und doch sanft wie ein Lamm zu denen, die er liebte; jetzt aber weilt er in der dunkeln Schattenwelt bei seinen Ahnen und Verwandten, den toten Kriegern, den tapferen Helden der Mani [...]

Ich fand mich damit ab, dass ich nie eine solche Totenklage hören würde. Aber als wir an unserem letzten Tag in Areopolis in einer kleinen Taverne saßen [...], kam ich mit einem flachsblonden jungen Mann namens George Chryssikakis ins Gespräch. Schon bald drehte sich unsere Unterhaltung um das Thema, das mich so sehr beschäftigte. *Was, noch nie eine Totenklage gehört?* Er werde uns mit zu seiner Cousine Eleni nehmen, einer der besten Sängerinnen auf der ganzen Mani. Am frühen Abend holte er uns ab [...] Doch anfangs wollte sie sich durch nichts zum Singen bewegen lassen. Sie lachte verlegen und meinte, eine Totenklage ohne Tote, das sei, als wolle man *kefi* (munter) werden ohne Wein. ›Nun mach schon, Eleni‹, drängte George. ›Ich habe es ihnen versprochen. Sing das von dem englischen Flieger. Das wird ihnen gefallen.‹

›Dem englischen Flieger?‹

›Ja, den armen Kerl haben sie im Krieg in Limeni abgeschossen – gleich da drüben. Wir haben ihm eine schönes Begräbnis gegeben, und Eleni sang die Totenklage; er hat uns allen leidgetan.‹

Sie stieß einen resignierten Seufzer aus, legte den Strumpf, an dem sie strickte, in den Schoß und verschränkte die Arme. Einen Augenblick lang sammelte sie sich, dann hob sie mit hoher, klarer Stimme langsam zu singen an. Es war eine seltsame, unergründliche Melodie in einer Molltonart, unbeschreiblich schön und ergreifend. Ich weiß nicht, ob es an der Musik oder an den Worten lag, doch bald spürte ich, wie sich mir die Kehle zuschnürte, die Augen brannten, und jenes Kribbeln im Nacken und auf dem Kopf stellte sich ein, das wohl gemeint ist, wenn es heißt, jemandem stünden die Haare zu Berge. Als das Lied zu Ende war, hatte sie Tränen in den Augen. Ich bat sie, es noch einmal zu singen. Ich schreibe es hier nieder, Wort für Wort übersetzt, damit nichts bei dem Versuch es in Verse zu bringen, verlorengeht:

Er leuchtete unter Tausenden wie die Sonne,
Er war ein Mond unter hunderttausenden,
Er war der tapferste unter allen Offizieren.
Ein solch strahlender Stern hätte nie zur Erde
stürzen dürfen.
Eher hätte er am Tische eines Königs speisen sollen,
Essen und trinken in einer Gesellschaft von hundert,
Er hätte erwählt sein sollen unter dreihundert,
Tausendfünfhundert hätten ihm folgen sollen,
als er in die Fremde zog.
Doch sein Schicksal war es, dass er in Limeni
zur Erde stürzte,
Als unsere Bundesgenossen ausflogen zum Kampf
gegen die deutschen Barbaren.
Der englische Flieger und sein Kamerad stürzten
bei uns ins Meer,
Und die Welt und alle Völker beweinen seinen
traurigen Tod.
Einer wurde angespült, schwer verwundet
Und die Kunde verbreitete sich von Dorf zu Dorf:
»Ein Engländer liegt dort am Ufer.«
Alle Welt kam gelaufen mit Kompressen und Bandagen,
Den Captain zu versorgen und zu heilen.
Doch der junge Mann war tot.
So verschränkten sie seine Hände und schlossen
ihm die Augen.
Und jetzt weint um ihn die ganze Welt.
Weint um seine noch vom Morgentau benetzte Jugend,
Die so klar war wie die kühlen Wasser des Mai.

Tapferkeit sprach aus seinem Schritt, sein Stolz war
wie der Stolz des Adlers,
Sein Gesicht war das eines Engels, seine Schönheit
die der Jungfrau selbst.
Viel sind für seine Tapferkeit wir ihm schuldig,
Denn die Ehre Griechenlands zu wahren, kam er her.
Was tut seine Mutter ohne ihn, was seine Schwestern?
Wir bahrten unseren furchtlosen Captain auf
wie einen Bräutigam,
Und Männer mit Gewehren trugen ihn
durch unsre Straßen,
Und alle Welt brachte Lorbeerkränze,
Dass dieser Held bestattet würde, wie es ihm gebührte,
Unter einem Olivenbaum auf dem Friedhof
des Erlösers.
Lasst uns zum Allmächtigen beten und zur
heiligen Jungfrau,
Dass eine Bombe in der Deutschen Lager stürzen möge,
Ihre Festung in Schutt und Asche legen.
Und mögen wir unversehrt bleiben und unverletzt,
Und mögen die Engländer wohlbehalten
zurückfliegen zu ihrer Insel.

Das Buch von P. L. Fermor ist 1958 erschienen. Inzwischen hat sich Jorgos Canacakis, ein gebürtiger Grieche, dieser alten Gesänge angenommen und eine eigene Art der Trauerverarbeitung daraus entwickelt.

Die uralten Gebräuche entsprechen den Bedürfnissen der Seele, deswegen erhalten sie sich und werden nur wenig abgewandelt.

Im Evangelium

Auch in der Welt des Evangeliums lebt die Totenklage. Bei Matthäus lesen wir:

> Als er dies zu ihnen redete, siehe, da kam ein Vorsteher der Synagoge, warf sich vor ihm nieder und sagte: Meine Tochter ist soeben gestorben; aber komm und lege deine Hand auf sie, so wird sie leben [...] Und als Jesus in das Haus des Vorstehers kam und die Flötenbläser und das Volk lärmen sah, sprach er: Gehet hinweg; denn das Mädchen ist nicht gestorben, sondern es schläft. Und sie verlachten ihn. Als aber das Volk hinausgetrieben war, ging er hinein und ergriff ihre Hand; und das Mädchen stand auf.
>
> *Mt 9,18–19 und 23–25*

Markus und auch Lukas sagen, dass die »Leute laut weinen und klagen« (Mk 5, 38 und Lk 8,52). Auch bei der Auferweckung des Lazarus begegnen wir den trauernden und klagenden Freunden (Joh 11,1ff.).

Hiob

Die Gestalt des Hiob nimmt in der Geistesgeschichte eine besondere Stellung ein. Es ist der Mensch »zwischen Gott und Satan«. Der reich Gesegnete wendet sich mit ganzer Seele dankend zu Gott. Satan möchte ihn davon abbringen. Er wettet mit dem HERRN, dass Hiob zweifeln und abfallen werde, wenn er von Satan versucht wird. Gott lässt zu, dass Satan ihm alles nimmt, Hab und Gut, die Kinder und zuletzt die Gesundheit. Nur das Leben muss er ihm lassen. Hiob beginnt zu klagen. Seine Frau kommt:

> »Hältst du noch fest an deiner Frömmigkeit? Ja, sage Gott ab und stirb!« Er aber sprach zu ihr: »Du redest, wie die närrischen Weiber reden. Haben wir Gutes empfangen von Gott, und sollten das Böse nicht auch aufnehmen?« In diesem allem versündigte sich Hiob nicht mit seinen Lippen.
> Da aber die drei Freunde Hiobs hörten all das Unglück, das über ihn gekommen war, kamen sie, ein jeglicher aus seinem Ort, Eliphas von Theman, Bildat von Suah und Zophar von Naema. Denn sie wurden eins, dass sie kämen, ihn zu beklagen und zu trösten. Und da sie ihre Augen aufhoben von ferne, kannten sie ihn nicht, und hoben auf ihre Stimme und weinten; und ein jeglicher zerriss sein Kleid, und sie sprengten Erde auf ihr Haupt gen Himmel; und saßen mit ihm auf der Erde sieben Tage und sieben Nächte, und redeten nichts mit ihm; denn sie sahen, dass der Schmerz sehr groß war.« (Hiob 2,9–13)

Dann beginnen die Klagen. In langen Reden, mit vielen Wiederholungen durchleuchten sie gemeinsam im Hin und Her das Unglück Hiobs, bis dieser zuletzt zur Erkenntnis Gottes durchstößt.

Die heute noch lebendigen Gebräuche im orthodoxen Judentum reichen so weit zurück, wie die Klagegesänge in Griechenland.

Die Trauer von Kindern

Was bedeutet das alles für die Kinder?

Alle Familienereignisse betreffen ja auch sie. Oft sind die Erwachsenen so mit den eigenen Gefühlen und mit den organisatorischen Notwendigkeiten beschäftigt, dass sie die Kinder darüber ein wenig »vergessen«. Aber gerade in den Zeiten der Anspannung brauchen die Kinder besonders viel Aufmerksamkeit.

Die Kleineren möchten alles genau wissen und stellen dabei oft tiefe Fragen nach Leben und Tod. Die Größeren brauchen das Gefühl, mit ihren Empfindungen nicht allein zu sein, in ihrer Trauer gesehen zu werden. Man muss ihnen kondolieren, wie den Erwachsenen. In der Pubertät wird es für die Jugendlichen äußerst schwierig, über den Tod eines nahen Menschen zu sprechen.

C.S. Lewis schrieb nach dem Tod seiner Frau an einen Freund: »Mit den Kindern (sie sind 15 und 16 Jahre alt) kann ich nicht über sie reden. Sobald ich es versuche, erscheint auf ihren Gesichtern nicht Trauer oder Liebe oder Angst oder Mitleid, sondern der fatalste aller Widerstände – die Verlegenheit. Sie machen Gesichter, als sage ich etwas Unanständiges, ich kann ihnen nicht rasch genug davon aufhören. Genauso habe ich es selbst nach dem Tod meiner Mutter empfunden, sooft mein Vater sie erwähnte. So sind eben Kinder …« Der Sohn seiner Frau sagt dazu aber: »Er merkte einfach nicht, dass ich, wenn er weiter von meiner Mutter redete, in Tränen ausbrechen würde – es war diese Angst, die mich verlegen machte« (zitiert nach: Brian Sibley, *Shadowlands – Eine späte Liebe*).

So ergeht es vielen Jugendlichen heute auch, wenn in der Familie das Gespräch nicht selbstverständlich ist.

Die Trauer von Kindern stellt die Erwachsenen vor eine große Aufgabe. In der eigenen Trauer muss Raum geschaffen werden für die Kinder und es müssen die richtigen Worte gefunden werden, die das Geschehen erklären. Die Kinder spüren ganz genau, ob und wie die Erwachsenen mit dem Tod zu leben vermögen, ob sie vom Verstorbenen als von einem »Lebenden« sprechen und den Kindern Brücken bauen können. Ja – ob sie überhaupt sprechen können.

Bei den vielen Anlässen zur kindlichen Traurigkeit, dem Zerbrechen eines geliebten Gegenstandes, der geplatzten Geburtstagsfeier und ähnlichen Situationen wirkt ein intensives Mitgefühl recht bald lindernd. Dabei zeigt sich, dass es auf die Wärme, Innigkeit und Intensität im Augenblick des Trostes ankommt, nicht auf die zeitliche Dauer oder Wiederholung.

Die »große« Trauer beim Auseinandergehen einer Ehe und damit der Familie bedarf auch »großen« Trostes. Wer gibt ihn?

Linguistik

Du musst mit dem Obstbaum reden.

Erfinde eine neue Sprache,
die Kirschblütensprache,
Apfelblütenworte,
die der Wind
lautlos
davonträgt.

Vertraue dich dem Obstbaum an
wenn dir ein Unrecht geschieht.

Lerne zu schweigen
in der rosa
und weißen Sprache.

Hilde Domin

Erster Trost

Im Leben mit der Trauer kommen und gehen die Erinnerungen. In den Gesprächen mit Freunden, in der Familie, kommen immer wieder neue Erlebnisse ans Licht. Manches erfährt man von Kindern oder alten Freunden zum ersten Mal. Das können unvermutet richtige »Geschenke« sein, die unendlich trösten. Oft ist schon die Anwesenheit anderer Menschen an sich ein Geschenk und gleicht ein wenig vom großen Verlust aus. Tröstet nicht auch die Schönheit der Natur oder die Tiefe eines Kunstwerks? Der erste tiefe Trost aber kommt aus der Empfindung, dass der Verstorbene selbst »anwesend« wird in den Erinnerungen. Dass er »kommt«, wenn ich an ihn denke, dass sich für die Zukunft gemeinsame Wege auftun.

Und trotzdem bleibt die Trauer.

Chor der Tröster

Gärtner sind wir, blumenlos gewordene
Kein Heilkraut lässt sich pflanzen
Von Gestern nach Morgen.
Der Salbei hat abgeblüht in den Wiegen –
Rosmarin seinen Duft im Angesicht der
neuen Toten verloren –
Selbst der Wermut war bitter nur für gestern.
Die Blüten des Trostes sind zu kurz entsprossen
Reichen nicht für die Qual einer Kinderträne.

Neuer Same wird vielleicht
Im Herzen eines nächtlichen Sängers gezogen.
Wer von uns darf trösten?
In der Tiefe des Hohlwegs
Zwischen Gestern und Morgen
Steht der Cherub
Mahlt mit seinen Flügeln die Blitze der Trauer
Seine Hände aber halten die Felsen auseinander
Von Gestern und Morgen

Wie die Ränder einer Wunde
Die offenbleiben soll
Die noch nicht heilen darf.

Nicht einschlafen lassen die Blitze der Trauer
Das Feld des Vergessens.

Wer von uns darf trösten?
Gärtner sind wir, blumenlos gewordene
Und stehen auf einem Stern, der strahlt
Und weinen.

Nelly Sachs

Neue Ziele – neue Kräfte

Neuer innerer Standort

Im weiteren Leben verändert sich die Trauer. Die »Wunde« beginnt zu heilen. Verschiedene Prozesse wirken dabei ineinander. Der eine bezieht sich darauf, wie der Trauernde in sich seinen neuen Standort gewinnt. Alle ungewohnten Aufgaben werden vertraut und es beginnt, Freude zu machen, allein bestimmen und entscheiden zu können, was zu tun ist.

In alledem spielen die Nächte eine große Rolle. Es ist wie beim Kerzenziehen: Der Docht muss viele Male in das flüssige Wachs getaucht werden, dazwischen aber jedes Mal ein wenig abkühlen, damit sich das weitere Wachs richtig ansetzen kann. In den Nächten wird verwandelt, was am Tag getan wurde. War oft im Rückblick der Tag noch nicht so recht gelungen, so sind beim Aufwachen plötzlich neue Impulse da. Was unüberwindlich schien, lässt sich erstaunlich gut bewältigen, und völlig neue Ideen stellen sich ein. Das Selbstgefühl wächst und die Unabhängigkeit macht mehr und mehr Freude. Trotzdem braucht dieser Vorgang Zeit – manchmal mehr, als man erwartet hatte, und es ist wichtig, sich diese Zeit selbst zu geben.

Ein neues Verhältnis zum Verstorbenen

Ein anderer Prozess ist der, dass sich das Verhältnis zum Verstorbenen selbst allmählich verändert. Schon unmittelbar nach dem Tod, im Anblick seines Antlitzes während der Zeit der Aufbahrung, kann man erlebt haben, was Friedrich Wilhelm Joseph Schelling in die Worte fasste: »Kein Mensch erscheint in seinem Leben ganz als der, der er ist. Nach dem Tode ist er bloß noch er selbst. Der Tod ist die Befreiung der inneren Lebensgestalt von der äußeren, die sie unterdrückt hält.«

Die äußeren Eigenheiten, an denen man sich auch gestoßen hatte, sind nicht mehr da und dahinter beginnt das eigentliche Wesen zu erscheinen. Aus dem gemeinsamen Leben tauchen mit der Zeit viele Bilder auf, und bei manchen versteht man erst jetzt, was der Verstorbene damals eigentlich wollte. Das mag ganz unerwartete Erkenntnisse auslösen: »Wie habe ich ihm damals Unrecht getan! Warum habe ich nicht mehr gefragt? Hätte ich doch … Wäre ich doch … Ich habe es nicht verstanden.«

Dieser Prozess der Selbsterkenntnis wird für alles weitere Leben fruchtbar. Er macht aufmerksamer und nachsichtiger. Das Gewahrwerden und Eingestehen von Schuld bringt erstaunlicherweise eine neue, tiefere Liebefähigkeit hervor. Es gibt der Seele Gewicht, dem Leben Tiefe.

Da kann es denn einerseits auch sein, dass sich über diesen Prozessen das Bild des Verstorbenen »verklärt«, und andererseits seine Fehler und Eigenheiten noch deutlicher hervortreten und die Gedanken vorwurfsvoll immer wieder um bestimmte Handlungsweisen oder Worte kreisen, wie fixiert darauf. Beides wird dem Verstorbenen nicht gerecht, in beidem kann er sich nicht finden. Er möchte von den Hinterbliebenen möglichst so gesehen werden, wie er wirklich war. So möchte er in Liebe begleitet werden.

Lebensgemeinschaft mit dem Verstorbenen

Aus diesem Prozess entwickelt sich eine Art »Lebensgemeinschaft« mit dem Verstorbenen. Alle Erinnerungen, alle Gespräche über ihn richten sich unwillkürlich an seine Persönlichkeit, wie sie im Erdenleben war. Also an Vergangenes. So wichtig es ist, die Bedeutung des gemeinsamen Schicksals, wie es sich hier zugetragen hat, zu fühlen und zu bejahen, so wichtig ist es, nur vielleicht sehr ungewohnt, den Verstorbenen als lebende Seele zu denken, die jetzt ohne den irdischen Leib seelische und geistige Wege geht. Er lebt, aber in »ganz anderen Verhältnissen«. In den Augenblicken intensiver Erinnerung spüren wir seine Nähe in der vollkommenen Gegenwart. Das tut einen völlig neuen Raum auf, in den etwas Über-Zeitliches, etwas von jenseits der Zeit herein wirkt.

Sei schweigsam in der Einsamkeit,
denn du bist nimmermehr allein.
Die Toten, die zur Lebenszeit
dir nahe standen, wehn herein.
Erspüre, was ihr Wirken will,
sie überschatten dich. Sei still.

Edgar Allen Poe

Die Erinnerung an den Verstorbenen wird zu einer Gemeinschaft mit einem Lebenden, der nur für meine irdischen Augen nicht mehr sichtbar ist. In glücklichen Momenten entsteht diese Gemeinsamkeit wie von selbst, ich kann sie aber bewusst pflegen und immer wieder selbst entstehen lassen.

Die Toten wissen die besondren Zeichen,
sie bleiben stumm für Seelen, die begehren
und stumm für Seelen,
die noch nicht verehren;
doch lassen sich die Toten gern erreichen,
wenn man, befreit von aller
Wünsche Weben,
nur kommt, um ihnen Lebensdank zu geben.

Albrecht Haushofer

Es ist tatsächlich so, dass die »Lebensluft« für die Begegnungen durch Dankbarkeit entsteht. Worauf sich diese Dankbarkeit auch bezieht, ob auf einen Natureindruck, ein gutes Gespräch, eine gelungene Arbeit, die Dankbarkeit als solche bildet die Atmosphäre, in die der Verstorbene von seiner Seite her hereinkommen kann. Auf diese Weise kann ich ihn, den ich geliebt habe, der mich geliebt hat, Anteil nehmen lassen an meinem Leben, an meiner Freude über eine besonders schöne Rose, den Besuch des Rotkehlchens bei der Gartenarbeit, die schmale Sichel des neuen Mondes im Abendhimmel. In dieser Art können wir zusammen durch eine Ausstellung gehen, ein Konzert gemeinsam hören, ein

Buch lesen und beten. Durch meine Ohren kann er hören, durch meine Augen sehen. In Menschenbegegnungen kann ich ihn einbeziehen, in mein eigenes Leben mit Kindern und Enkeln und Freunden. Ich werde die Erfahrung machen, dass alles eine andere Tiefendimension erhält. »Wo die Türe nach dem Reiche des Todes offengehalten wird, da tritt eine großzügige, reifere Lebenshaltung an Stelle der Schärfen und Ecken, die das Bewusstsein des Eingeengtseins zwischen Geburt und Tod oft mit sich bringt.« (Ernst Heimeran)

Darüber hinaus kann ich ihn um Hilfe bitten. Aus vielfältigen Erfahrungen wird berichtet, dass die Verstorbenen gerne helfen. Wer in einer schwierigen Situation nicht von dieser innerlich gelähmt ist, sondern den Blick zu einem Verstorbenen und seinem Leben im Geiste erheben kann, gibt ihm die Möglichkeit, einzugreifen, auch in ganz alltäglichen Bedrängnissen.

Du bist da
jetzt,
hier,
in dieser Beklemmung
gerade
in dieser scheinbar
ausweglosen
Enge
bist du
hier.

Aus deiner,
unsrer,
der Erdenmenschheit
noch
zu erschaffender
Zukunft
strahlst du
her

in diesen Augenblick
allgegenwärtig.

Ruth Dubach

Ein wunderschönes Zeugnis der Hilfe von Verstorbenen hat Christian Morgenstern gegeben. Im Entwurf einer Lebensbeschreibung für den Verleger Reinhard Piper schrieb er:

»Es war, als wäre das Leidenserbe der Mutter [die Lungenkrankheit], das doch erst zehn Jahre darauf zu wirklichem Kranksein führte, schon damals übernommen worden, denn wenn auch mancher frische Aufschwung immer weiter trieb, so setzte doch mehr und mehr jener bleierne Widerstand ein, der mich wohl nicht hätte so zu Jahren kommen lassen, wenn nicht irgend etwas in mir ebenso zähe für mich gestritten und mich über das Schlimmste immer von neuem hinweggebracht hätte. Vielleicht war es dieselbe Kraft, die, nachdem sie mich leiblich verlassen hatte [als er neun Jahre alt war], geistig fortan mein Leben begleitete, und was sie mir physisch gleichsam nicht hatte geben können, mir nun aus geistigen Welten heraus mit einer Treue gab, die nicht ruhte, bis sie mich nicht nur hoch ins Leben hinein, sondern zugleich auf Höhen des Lebens hinauf den Weg hätte finden sehen, auf denen der Tod seinen Stachel verloren und die Welt ihren göttliche Schimmer wieder gewonnen hat.«

Man wird den Verstorbenen auch als Ratgeber in Lebensfragen erleben können. In einem solchen Fall werde ich versuchen, das Problem so genau wie möglich zu durchschauen und die Frage an ihn so deutlich wie möglich zu formulieren. Dabei kann es geschehen, dass mir die Frage vom inneren Gegenüber »korrigiert« wird, d.h., dass ich plötzlich weiß, wie sie eigentlich heißen muss. Wenn ich mit dieser Frage dann einschlafe, werde ich beim Aufwachen aus dem eigenen Herzen die Antwort bekommen. Eine wundersame Verwandlung oder Umstülpung findet statt: Nach außen gerichtet war die Frage, von innen kommt die Antwort.

Auf diese Weise entsteht die Lebensgemeinschaft.

Und die Trauer? Sie ist noch da, aber sie beginnt sich zu verwandeln. Die Erfahrung der »Anwesenheit« tröstet jedes Mal mehr.

Verbindung im Geist

Zu der Lebensgemeinschaft mit dem Verstorbenen kann die Verbindung im Geist noch eine weitere Dimension auftun. Der Verstorbene selbst muss seinen eigenen Weg in der geistigen Welt gehen, auch wenn er dabei ganz lebendig in unserem Leben anwesend bleiben kann. Sein eigener Weg führt ihn vom Todesaugenblick an rückwärts zurück durch das ganze Erdenleben. Im Rückerleben wird das Leben »verarbeitet«, d.h. alles wird von einem anderen Gesichtspunkt aus, als es der irdische war, nochmals angeschaut und dabei »gewogen«. Das Bild des »Totenrichters« hat lange in der Menschheit gelebt. Man kann sich das vielleicht so vorstellen, dass man selber als Verstorbener diese Waage in der Hand hat und sieht, welche Folgen die eigenen Taten, Worte und Gedanken hatten. Indem ich alles noch einmal erlebe und nun nicht aus meiner eigenen Seele heraus, sondern so, wie der andere Mensch erlebt hat, was ich getan, gesagt, gedacht habe, entsteht ein »Urteil« von selbst. Scham und Reue brennen, innere Verlassenheit als Folge von Egoismus sowie materialistische Gedanken bewirken Einsamkeit und innere Kälte.

Wenn wir von der Erde aus dieses Leben begleiten, können wir denken, dass das Zurückerleben etwa ein Drittel der irdischen Lebenszeit in Anspruch nimmt, d.h., dass nach drei Jahren der Verstorbene die letzten neun Jahr seines Lebens durchlebt hat. Kennen wir diese Gesetzmäßigkeiten, so spüren wir sofort den Impuls, zu helfen. Durch Gebet und unsere Liebe können wir unmittelbar Wärme schicken, eine seelische Substanz, die Hitze wie Kälte lindert. Außerdem gibt es von Rudolf Steiner viele Texte, in denen entsprechende Gedanken zu Sprüchen geformt sind. Wie zum Beispiel:

Meine Liebe sei den Hüllen,
die dich jetzt umgeben –
kühlend deine Wärme,
wärmend deine Kälte –
opfernd einverwoben!
Lebe liebgetragen,
lichtbeschenkt nach oben!

Rudolf Steiner

Einsamkeit und Ohnmacht erleben die Verstorbenen, wenn sie keine Verbindung zu den noch lebenden Angehörigen auf der Erde finden.

Die französische Schauspielerin Anny Duperey erzählt in ihrem Buch *Der schwarze Schleier des Vergessens* von ihrem außergewöhnlichen Schicksal und beschreibt darin eine solche Situation. Als sie acht Jahre alt war, starben ihre Eltern durch ausgetretenes Gas am Badeofen und sie fand sie tot. Die ganze Familie war so erschüttert, dass das Kind nicht die Hülle und Liebe bekommen konnte, die es gebraucht hätte. So versteinerte sie innerlich und konnte erst als Erwachsene mit Hilfe von Schicksalsbegegnungen langsam wieder zu innerer Lebendigkeit finden. Sie erzählt nun dabei das Folgende:

»Seit langer Zeit – seit wie vielen Jahren genau, weiß ich nicht – habe ich immer wieder den gleichen Traum. Manchmal kommt er in etwas abgeänderter Form wieder, aber er endet immer gleich. Mitunter bleibt er für ein, zwei Jahre aus, aber dann ist er wieder da. Und gerade jetzt, einige Tage, nachdem ich diese letzten Seiten über den Tod meines Großvaters und meiner Eltern niedergeschrieben habe, hatte ich ihn wieder. Mein Traum fängt immer auf die gleiche Weise an: Ich weiß, dass ich sterben werde. Ich bin bereits dem Tod geweiht. Aber das hält mich nicht davon ab, meinen alltäglichen Verpflichtungen nachzugehen, herumzulaufen, mich zu unterhalten. Allmählich wird das Ganze immer bedrückender, da mir das Atemholen immer schwerer fällt. Das macht mir jedoch keine besondere Angst – ja, es überrascht mich nicht einmal, weil ich mir bewusst bin, dass ich bald überhaupt nicht mehr atmen werde. Alles läuft sehr sanft, sehr langsam und absolut unausweichlich ab [...]

Das Ganze ist sehr langsam, dauert sehr lange und ich weiß, dass der Moment kommen wird, wo ich aufhören werde zu atmen. Und schließlich kommt dieser Moment wirklich. Auch dieser ›Einschnitt‹ erfolgt sehr sanft, und genauso, wie ich vorher wusste, dass ich aufhören werde zu atmen, weiß ich nun, dass ich tot bin. Ich bin auf die andere Seite hinübergewechselt, fast ohne es zu merken. ›Das war's‹, sage ich mir. Zunächst empfinde ich eine gewisse Angst vor dem Unbekannten, das mich da erwartet. Aber dann verspüre ich eine unsägliche Erleichterung, weil ich feststelle, dass sich nichts verändert hat, dass alles so ist wie vorher. Ich bin noch bei mir zu Hause, umgeben von den Meinen. [...] Ich bin nicht ›von ihnen gegangen‹. Sie sind noch bei mir. Ich bin gleichermaßen glücklich und überrascht.

›Das ist also der Tod? Nichts weiter? Aber das ist ja gar nicht schlimm. Warum hat man vor so einer einfachen und ungefährlichen Sache nur solche Angst?‹ Ich gebe mich ganz dem Glücksgefühl hin, nicht zum anonymen Geistwesen geworden zu sein, das in irgendein Reich der Seelen – wer weiß wohin – entflohen ist. Ich habe mich nicht verloren. Ich bin immer noch ich selbst. Ich habe auch meine Kinder und meinen Lebensgefährten nicht verloren. Sie sind in meiner Nähe. Alles ist mir noch vertraut. Eigentlich ist alles genauso wie vorher – oder zumindest scheint es auf den ersten Blick so […]

Deshalb kann ich noch fröhlich und leichten Herzens – oh, so leichten Herzens! – bei allem dabei sein, was sie tun. Ich kann alles sehen, hören und an allem teilhaben, was ich wunderbar finde. Alles ist in Ordnung. Ich habe nichts verloren […] dann merke ich mit kaltem Grausen, dass sich zwar für mich überhaupt nichts geändert hat, für meine Familie jedoch etwas grundlegend anders geworden ist: Ich bin nicht mehr da. Sie sehen mich nicht, sie hören mich nicht, ich existiere nicht mehr. Und langsam und allmählich werde ich überwältigt von Schmerz und Panik […] Ich versuche verzweifelt, einzugreifen, sie irgendwie auf meine Anwesenheit aufmerksam zu machen. Aber es gelingt mir auf keine Art und Weise, diese Mauer zu durchdringen und ihnen ein Zeichen meiner Anwesenheit zu geben. Ich habe keinen Körper mehr, und sie können meine Stimme nicht hören. Plötzlich steigt in mir die ganze Panik auf, die ich eigentlich beim Herannahen meines physischen Todes hätte verspüren müssen. Jetzt erst beginne ich furchtbar zu leiden […] Und dann, dann wird mir voller Verzweiflung klar, dass mir nur noch eines übrigbleibt, nämlich ENDGÜLTIG zu sterben, um diesem Schmerz ein Ende zu bereiten. Es wird mir klar, dass ich keine andere Wahl habe. Und im Endeffekt sind sie es, die Lebenden, die mich durch ihre Unerreichbarkeit ins Nichts drängen.«

Es ist ein Traum, ein Albtraum, er scheint aber genau zu erzählen, wie es den Verstorbenen ergeht, wenn die Lebenden nicht an sie als an Lebende denken, wenn sie sie nicht einlassen in ihr Leben. Im Beispiel dieses Traumes wäre es die Geste gewesen: »Schau Mutter, das mache ich gerade, gefällt es dir? Hast du gesehen, wie gut mir dieses gelungen ist? Das hier kann ich nicht – hilfst du mir? Hör zu, wir beten zusammen, ich lese dir vor!« Alle geistgetragenen Gedanken und Worte, aus dem Evangelium, der Geisteswissenschaft, dem Gebet, bauen an der Brücke zwischen den Verstorbenen und dem Leben hier.

Wann ein Trauernder mit dieser geistigen Arbeit beginnen kann und auch, wie lange er sie fortsetzen möchte, ist wiederum so unterschiedlich wie die jeweilige Situation. Dazu gehört auch, wie der Einzelne herausfindet, was er für und mit dem Verstorbenen zusammen lesen und denken möchte. Indem man an ihn denkt, »weiß« man, was jetzt das Richtige ist.

Wenn nach einiger Zeit das tägliche Leben wieder seinen Gang und Rhythmus gefunden hat, kann man sich beispielsweise den Samstag für diese Tätigkeit vornehmen, eine Zeit am Morgen, oder nachmittags, oder am Abend, wie es am besten einzurichten ist. Im Samstag ist etwas von der Qualität des Karsamstag, dem Tag, an dem beim Ur-Osterfest Christus zu den Verstorbenen gekommen ist und sie aus der Macht des Todes erlöst hat. Vielleicht ist der Platz noch da, der unmittelbar nach dem Tod der kleine Gedenkort war, mit dem Bild des Verstorbenen.

Eine Herausforderung besonderer Art bedeutet es, Menschen zu begleiten, die ihrem Leben selbst ein Ende gesetzt haben. Manche sind lange nicht zu erreichen und es bedarf großer Geduld und Treue, regelmäßig für sie zu beten oder ihnen vorzulesen – oder einfach im Gedankengespräch das abgebrochene Leben zu betrachten.

Manche aber drängen sich in das Leben herein, lassen die Gedanken und Gefühle der Angehörigen nicht mehr frei, werden eine regelrechte »Last« und Bedrückung. Hier ist es nötig, sich die eigene Freiheit wieder zu gewinnen und etwa nur zu ganz bestimmten, mit dem Verstorbenen zusammen sozusagen »verabredeten Zeiten« die Gedanken zu ihm zu richten und für ihn zu beten, einen Spruch zu sprechen.

»Ein Jegliches hat seine Zeit«

Diese Worte des Predigers Salomo (3,1) gelten natürlich auch für die hier beschriebenen Vorgänge: Sie brauchen Zeit, sie entwickeln sich in der Zeit. Zu den Tagen gehören die Nächte, in denen wir anders als am Tag mit den Verstorbenen zusammentreffen. Durch jede Nachtbegegnung verändert sich die Trauer, das große Erlebnis wird näher und vertrauter. Man kann das in Wellen erleben, stärker und schwächer. Die Rhythmen dieser Veränderungen hat man immer gekannt, viele alte Sitten beruhen darauf.

Das Ende eines ersten Abschnitts ist meist nach 40 Tagen spürbar, da haben sich die seelischen Wogen meist merklich beruhigt. Ein wichtiger Zeitraum ist das erste Jahr, das »Trauerjahr«. In diesem Jahr erlebt der Hinterbliebene

zum ersten Mal alle Feste des Jahres und der Familie allein. Bei jedem Fest ist es neu zu realisieren: Ich bin jetzt allein. Nach einem Jahr begegnet man dann schon etwas Bekanntem. Früher trug man in diesem ganzen Jahr schwarze Kleidung und brachte damit seine Situation, auch in der Gesellschaft, zum Ausdruck.

Und wieder wird es sehr verschieden sein, wie der Einzelne mit seiner Trauer im Gang der Zeit lebt, leben kann.

Schwellen

Auf allen diesen Wegen gibt es immer wieder Schwellen, gibt es ein »Vorher« und ein »Nachher«, und es ist wichtig, diese Schwellen zu bemerken. Hier ist noch einmal ein Bereich, in dem man viel über sich selbst erfahren kann, ja vielleicht muss. Komme ich in die Ruhe? Finde ich den »neuen Grund«? Kann ich tiefer schürfen? Entwickeln sich die Lebensfragen? Weiche ich aus? Habe ich Angst vor Veränderungen? Kann ich allmählich loslassen und Neues greifen?

Neue Kräfte

Aus dem ganzen Trauerprozess geht Neues hervor. Durch den Verlust hat das Leben ein anderes Gesicht bekommen. Der Weg des Abschiednehmens hat zu neuer Orientierung geführt, eine veränderte Lebensbasis geschaffen. Es sind Kräfte gewachsen. Ich habe gelernt, Dinge zu tun, die ich früher nicht konnte. Durch die lebendige Verbindung mit dem Verstorbenen habe ich die Erde neu sehen gelernt und sie noch viel lieber gewonnen. Die eigene Erfahrung der Trauer hat mich feinfühliger für die Empfindungen anderer gemacht, verständnisvoller, geduldiger, zärtlicher, auch phantasievoller. Die eigene Lebensaufgabe zeigt dadurch neue Aspekte. Vielleicht lässt sich auch etwas ganz Neues ergreifen. Das Leben hat ein anderes »Niveau« erreicht.

Rückblick: Die einzelnen Stufen des »Trauer-Weges«

Bei jedem Spaziergang, jeder Wanderung ist es ein interessanter Moment, wenn man im Gehen innehält und auf den Weg zurückschaut, den man bereits hinter sich hat. Jedes Mal überrascht es wieder, wie anders der Weg im Rückblick aussieht.

Im Nachdenken über die Trauer, im Beobachten der Phänomene wurden viele einzelne Aspekte betrachtet und dabei im Ganzen ein Weg zurückgelegt. Aus der unmittelbaren Erschütterung durch die Begegnung mit dem Tod führte dieser durch verschiedene Etappen zu einem neuen Standort im Leben. Die Gefühle haben sich geklärt, die Trauer ist immer lichter geworden in der lebendigen Beziehung zum Verstorbenen und der göttlich-geistigen Welt überhaupt, das Leben ist neu geordnet.

Die einzelnen Schritte lassen sich so zusammenfassen:

1 Realisieren

Die Tatsache des Verlustes und das Ergriffensein von der Trauer müssen ganz im Lebensgefühl ankommen.

2 Fühlen

Die Gefühle brauchen Aufmerksamkeit und Raum, um sich in gesunder Weise – nicht zu wenig, nicht zu viel – auszuleben.

3 Durchdenken

Der große Verlust trägt viele einzelne Verluste in sich. Sie kommen nach und nach zum Bewusstsein und fordern neue eigene Verhaltensweisen heraus.

4 Neuer innerer Standort

Die Verbundenheit mit einem anderen Menschen verwandelt sich in eine neue Autonomie.

5 Neues Verhältnis zum Verstorbenen

Aus vielen Erinnerungen bildet sich ein neues Verhältnis zum Verstorbenen.

6 Lebensgemeinschaft mit dem Verstorbenen

Das Erlebnis der Nähe und Anwesenheit des Verstorbenen entwickelt sich zu lebendigem Austausch.

7 Geistige Verbindung und Begleitung

Die Wege des Verstorbenen in der geistigen Welt können begleitet werden.

8 Neue Kräfte und neues Verhältnis zum Leben
Aus der Trauer wachsen neue Kräfte, aus Schritten der Selbsterkenntnis entwickelt sich ein neues Verhältnis zum Leben.

9 Verhältnis zur Zeit
Alle Prozesse brauchen ihre Zeit, bei jedem Menschen ganz individuell. In den Entwicklungen gibt es Schwellen, die innerer Prüfung dienen können.

Darüber hinaus kann man in diesem Prozess die Grundgeste sehen, die allen Vorgängen zugrunde liegt, in denen eine substanzielle Entwicklung stattfindet:

1. Feststellen und Anerkennen einer Tatsache
2. Die Auseinandersetzung damit
3. Integrieren in das eigene Leben
4. Neue Kräfte und Perspektiven entdecken

Jeder Mensch wird die Trauer anders erleben; die Wege, die sich aus dem Verlust ergeben und die Trauer verwandeln, werden bei jedem anders sein. Im Nachdenken darüber werden sich aber immer grundsätzliche Übereinstimmungen finden. Dieser Prozess des Beobachtens und Fragens, des aktiven Bewusstwerdens dessen, was vor sich geht und was ich aktiv beantworte, kann vielleicht als »Lernen der Trauer« bezeichnet werden.

Alle diese Verluste …

Beim Nachdenken über die Trauer steht unwillkürlich zuerst der Tod eines nahen Menschen vor der Seele. Und doch gibt es so viele verschiedene Gründe für Traurigkeit, wie es schwerwiegende Verluste im Leben gibt.

Ob es sich um einen Aspekt des Lebens handelt, wie etwa den Verlust der Arbeit, das Zerbrechen einer Freundschaft oder Partnerschaft, das Altwerden mit dem Verlust der Lebenskraft und Autonomie, einen kostbaren Gegenstand, den uns ein lieber Freund geschenkt hatte und der verloren ging oder gestohlen wurde, die Erfahrung, nicht mehr gebraucht zu werden, das Scheitern eines Projektes, an dem man lang und intensiv gearbeitet hatte, eine verpasste Gelegenheit, den Tod eines geliebten Tieres … Vieles kann uns traurig machen oder auch eine Trauer auslösen, die uns wie ein dunkler Strom in einer kaum greifbaren Tiefe begleitet.

Menschen, die aus ihrer Heimat vertrieben wurden, sprechen noch nach Jahrzehnten, in denen sie am neuen Ort längst heimisch geworden sind, mit diesem Unterton der Trauer von ihrer Heimat. Allen Verlusten ist ja ein lebendiger Bezug zum nun Verlorenen vorangegangen. Dieser ist zerrissen, oder zumindest gestört worden. So war zum Beispiel mit der »Heimat« alles verbunden, was das Leben getragen hat: Das Haus der Eltern, die Stadt mit ihrer Kultur, die Landschaft, Geräusche und Düfte, der Klang der Sprache,

Bäume und Gewässer – alles gehörte zum grundlegenden Lebensgefühl. Bei einer Flucht wird es gewaltsam zerstört.

Am Ende des Berufslebens entsteht eine andere Art von Trauer. Mit besten Kräften, mit Engagement und vielleicht auch Phantasie habe ich ein Leben lang meine Arbeit getan – und nun werde ich nicht mehr gebraucht, die Kollegen fragen mich nicht mehr um Rat, meinen Schatz der Erfahrung will niemand mehr haben. Alle meine Fähigkeiten sind noch da, ganz lebendig, und nun gehen sie ins Leere.

Ähnlich ist es, wenn man auf eine berufliche Veränderung hingearbeitet hat und die neue Stelle dann doch ein anderer Kollege bekommt.

Beim Scheitern eines Projekts war alle Aktivität darauf gerichtet gewesen, viel Mühe war aufgewendet worden, viele Menschen damit beschäftigt – und zuletzt musste eingeräumt werden, dass die Umstände zu schwierig waren, oder vielleicht die Zeit noch nicht reif dafür.

Die Trauer über den unabänderlichen Verlust der Kindheit beantworten viele junge Mädchen mit der Krankheit der Magersucht. Und auch im Altwerden erleben viele Menschen eine Lebenstraurigkeit. Sie bezieht sich auf das allmähliche Schwinden der Autonomie im Leben, das Weniger-Werden der Kräfte, die Einsicht, dass bestimmte gesundheitliche Probleme von jetzt an bleiben, oder dass manche Pläne nicht mehr zu verwirklichen sein werden …

Welcher Verlust es auch sei: Jeder stellt uns vor die Aufgabe, die entstandene Trauer *wahrzunehmen*, zu *durchleben* und dadurch zu *verarbeiten*. Die Arbeitsmotive werden immer dieselben sein, durch den Anlass modifiziert.

1. Die neue Situation zu realisieren. *Es ist so.*
   Und dieses mit dem Lebensgefühl verbinden.

2. Die verschiedensten Gefühle, die auf den Verlust antworten, *wahrnehmen* und *eingestehen*, alle Wut, Enttäuschung, Erleichterung usw.

3. Die Art der Beziehung zum Menschen, zur Arbeit, zur Sache, zum Leben *anschauen* und im Einzelnen *befragen.* Das bringt die Gründe für die Gefühle ans Licht.

4. Den eigenen Anteil an der Sache betrachten:
   Habe ich Illusionen gehabt in Bezug auf die eigenen Kräfte oder die Fähigkeiten der anderen?
   Habe ich an mir selbst gezweifelt?
   Habe ich nicht genug gearbeitet?
   Welche Fehler habe ich gemacht?
   Für welche Umstände und Fehler bin ich nicht verantwortlich?
   Wo lag die Verantwortung bei anderen?

5. Aus der gewonnenen Distanz *neue Ansätze* definieren und *neue Entwicklungen* beginnen.

Die Trauer um einen Verstorbenen kann zu einer innigen Verbindung im Geist mit ihm führen – und zu der beschriebenen neuen Sicht auf das Leben. Das ist das große Lebensgeschenk aus diesem Verlust.

Bei den vielen anderen Verlusten ist oft nicht sofort zu sehen, »wozu das gut war«. Manches ist vielleicht schnell zu sehen, bei anderem bleibt die Frage jahrelang im Untergrund bestehen. Oder es erweist sich erst nach Jahren, wenn die neuen Lebenswege überschaubar werden. Manchmal führt diese Frage auch in große Tiefen, ja in Abgründe der Selbsterkenntnis. Aber letzten Endes ist auch das eine Art »Geschenk« des Lebens.

Noch einer besonderen Trauer soll gedacht werden: Der Trauer um Tiere. Mitunter begegnet einem auch hier die Meinung, dass man um Tiere doch nicht zu trauern brauche. Wer ein Tier von klein an gepflegt, es vielleicht vom Tod gerettet und ein langes Tierleben mit ihm verbracht hat, mit allen Mühen und Freuden, allen »Geschenken« durch seine Anwesenheit und außerdem einen »Lebenskameraden« in der Familie oder der Einsamkeit an ihm gehabt hat, wird selbstverständlich trauern und auch für diese Trauer Zeit brauchen. Manche Tiere waren in ihrem Wesen »einzigartig« und die Erinnerung an sie weckt jedes Mal eine Art »verklärter Wehmut«. Dazu fallen jedem sofort eine Menge Beispiele ein.

Abschiede

Alles in unserem Leben pulsiert im Rhythmus von Werden und Vergehen. Alles beginnt, entwickelt sich, kommt zu einem Höhepunkt und nimmt wieder ab, bis es zu Ende ist. So sind wir im Grunde in der fortwährenden Lebens-Übung begriffen, Abschied zu nehmen. Im Kleinen sagen wir täglich ganz selbstverständlich: »Auf Wiedersehen! Leb wohl!«, aber nicht immer machen wir uns bewusst, dass das Ende eines Ereignisses auch ein Abschied ist, dass das Erlebte niemals in derselben Weise wieder erlebt werden kann. Kein Tag gleicht dem anderen, keine Stunde, keine Begegnung. Sind wir also nicht eigentlich vorbereitet für die großen Abschiede?

Ziehende Landschaft

Man muss weggehen können
und doch sein wie ein Baum:
Als bliebe die Wurzel im Boden,
als zöge die Landschaft und wir ständen fest.
Man muss den Atem anhalten,
bis der Wind nachlässt
und die fremde Luft um uns zu kreisen beginnt,
bis das Spiel von Licht und Schatten,
von Grün und Blau,
die alten Muster zeigt
und wir zuhause sind,
wo es auch sei,
und niedersitzen können und uns anlehnen,
als sei es an das Grab
unserer Mutter.

Hilde Domin

Begleitung der Trauernden

Die Prozesse der Verarbeitung und Verwandlung spielen sich in jedem Fall im Inneren der Trauernden ab. Als Freund und Nahestehender versuche ich mitzufühlen, was da geschieht, und im Weiteren auch mitzudenken und zu sehen, wie dem Betreffenden zumute ist. Ob er dankbar ist für Gespräche, oder ob er Zeit für sich braucht, ob er einen Rat sucht, oder nur die Bestätigung des eigenen Weges.

Mit-Fühlen und Mit-Denken kommt aus innerer Zuwendung, aus der völligen Bejahung des Anderen. Es bildet eine unsichtbare Tragekraft, die schützt und tröstet. Diese Zuwendung aufrecht zu erhalten und zu pflegen, wenn das eigene Leben wieder alle Kräfte fordert, ist dann ein wirklicher »Liebesdienst«.

Später ist es für einen Trauernden eine große Freude, wenn familiäre Gedenktage bedacht werden, der Geburtstag des Verstorbenen, die ersten Jahresfeste ohne ihn und natürlich der Todestag. Die Todesdaten befreundeter Menschen in einem »Geburtstagskalender« zu notieren ist eine praktische Hilfe.

Gemeinsam

Vergesst nicht
Freunde
wir reisen gemeinsam

besteigen Berge
pflücken Himbeeren
lassen uns tragen
von den vier Winden

vergesst nicht
es ist unsre
gemeinsame Welt
die ungeteilte
ach die geteilte

die uns aufblühen lässt
die uns vernichtet
diese zerrissene
ungeteilte Erde
auf der wir
gemeinsam reisen

Rose Ausländer

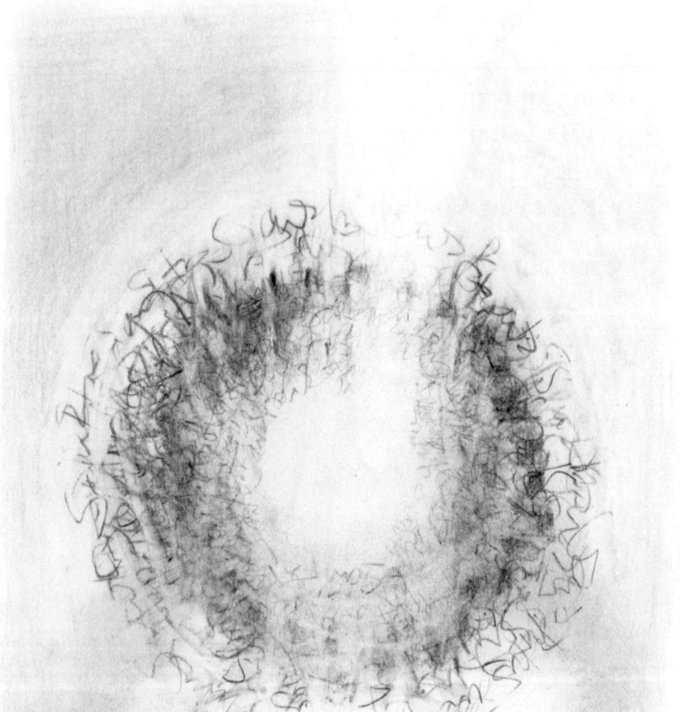

Trauer der Erde

Trauernde Orte

Es gibt erstaunliche Erlebnisse. So erzählten Wanderer, die voll Freude und Ungestüm den Berg zur Burg Montségur in Südfrankreich hinaufstiegen, dass sie auf halber Höhe von einer unerwarteten Welle der Traurigkeit erfasst wurden. Sie blieben stehen und schauten zurück auf den Wiesenhang am Fuß des Berges und dachten plötzlich an die Scheiterhaufen, auf denen dort am 14. März 1244 zweihundert Katharer verbrannt worden waren. Weil sie vom Schicksal der Katharer wussten und sich für ihr Leben und ihre geistigen Wege interessierten, hatten sie diese Reise unternommen. Hier am konkreten Ort des Geschehens *fühlten* sie auf einmal, was sie vorher nur *wussten*. Der Ort hat offensichtlich eine Art von Gedächtnis für die Ereignisse, die an ihm geschehen sind.

Ein anderer erzählte, dass er in einem ihm noch unbekannten Wald gewandert sei. Dabei kam er an einem Haufen größerer Steine vorbei und brach in ihrem Anblick einfach in Tränen aus. Unvermutet hatte ihn etwas ergriffen. Was war es? Er wusste es nicht und konnte es auch noch nicht erfahren.

Die kleine Insel Utoya nahe Oslo wird wohl für lange Zeit ein Ort sein, an dem das furchtbare Unglück vom Sommer 2011 zu spüren sein wird, auch wenn wieder neues frohes Leben mit Jugendlichen dort einziehen soll. Die Todesangst der jungen Menschen, die sich von ihrem Mörder verfolgt fühlten und die entsetzliche Trauer der Eltern, Geschwister und Freunde sind als Ereignisse so stark, dass sie sich der Natur, den Felsen und Bäumen, der ganzen Atmosphäre gewiss eingegraben haben.

Jugendliche Rucksackreisende haben sich gerne nach Laos auf den Weg gemacht. Es wurde damit geworben, dass dort die Natur noch vom Tourismus verschont sei. Eine Reisende berichtete, dass sie im ganzen Land eine untergründige Trauer gefühlt und sich darüber gewundert habe. Durch das Studium der Geschichte des Landes erfuhr sie später, dass das Land Laos im Vietnam-Krieg durch Bombardements nahezu vernichtet worden war, um die Flucht der Menschen aus Vietnam zu verhindern.

Solche Ereignisse hängen mit dem Tod und dem Schmerz vieler Menschen zusammen, und mit großer Schuld. Das muss sich an diesen Orten in die Lebensverhältnisse der Landschaft, der Wälder, Gewässer und der Erde mitgeteilt haben und macht sich seelisch als Traurigkeit bei den Menschen bemerkbar, die dort hinkommen. Es ist eine ganz andere Trauer als diejenige, die einen beim Anblick der Erde nach Naturkatastrophen ergreift. Zu den angeführten Beispielen kann sicher jeder viele weitere hinzufügen.

Welche Orte man in seinem Leben besucht, hängt in vielerlei Hinsicht mit dem eigenen Schicksal zusammen. So ist gewiss auch die Wahrnehmung der Atmosphäre von den eigenen inneren Voraussetzungen geprägt. Und dennoch gibt es die objektiven Erfahrungen und Beobachtungen, die sich an bestimmten Orten einfach einstellen. Vielleicht gehört ein solches Erlebnis, das manche Menschen erzählen, in diesen Zusammenhang: Es gibt Zeiten, in denen – von außen gesehen – »grundlos« eine ungeheure Welle von Traurigkeit durch die Seele geht. Welche Trauer trägt man womöglich in unzugänglichen Tiefen mit sich?

Ein besonderer Erdenort ist in diesem Zusammenhang Jerusalem. Seine Geschichte reicht bis in mythische Zeiten zurück. Das Grab Adams wird unter dem Kreuz von Golgatha gedacht. In der Geschichte dieses Ortes sind viele Ereignisse, die bis heute Anlass zu großer Traurigkeit geben, wie die Zerstörung des Tempels im Jahre 70 n.Chr. und das Blutbad bei der Eroberung der Stadt am 15. Juli 1099 durch die christlichen Kreuzfahrer vom 1. Kreuzzug, um nur zwei Beispiele zu nennen. Und was geschieht dort bis heute …

Trauernde Tage

Eine Dame verpasste durch eine Zugverspätung einen Bus, der sie zu ihrem Reiseziel in einem kleinen Ort bringen sollte. So musste sie eine halbe Stunde warten und saß in milder Frühlingssonne auf einer Bank. Sie nutzte diese Wartezeit als willkommene Pause. Die Umgebung war ruhig, sie sah auf die Hügel rings um den Ort, hörte Vögel singen und atmete den Frieden in diesen Minuten dankbar ein. Darin aber spürte sie mit einem Mal das Aufwallen einer unerklärlichen Trauer. Später erzählte sie dieses Erlebnis ihrer Gastgeberin. Diese hatte im Bewusstsein: »Heute ist der 3. April! Der Ur-Karfreitag. Das hast du wohl gespürt.«

Etwas Entsprechendes erlebte eine junge Studentin. Sie war beim Skifahren in den Bergen, bei herrlichem Schnee und blauem Himmel. Nach einer wunderbaren Abfahrt saß sie zufrieden vor der Hütte in der Sonne und dachte plötzlich: »Was mache ich hier eigentlich?« Dieser Gedanke war so verstörend, dass sie von da an ihr ganzes Leben und Studium zu hinterfragen begann, tatsächlich bald den Studiengang wechselte und ihrem Leben eine ganz andere Richtung gab. Später stellte sie fest, dass auch dieser Tag ein 3. April war. Also nicht nur die Erde als Organismus nimmt in ihre Erinnerung die Menschentaten auf, sondern auch das Wesen der Zeit, das mit der Erde verbunden ist. Das Ereignis des Kreuzestodes Christi lebt im Untergrund jedes 3. April.

Von vielen anderen historischen Taten, die die Welt veränderten, haben wir entsprechende Empfindungen und erinnern Jahr für Jahr durch Gedenktage daran. Manche sind einem persönlich wichtig, andere haben sich in das Gedächtnis der Öffentlichkeit eingeprägt, wie etwa in Deutschland der 9. November, in Frankreich der 14. Juli, in Amerika der 11. September.

Weltweite Anteilnahme

Mit Überlegungen wie diesen gelangt man über die persönlichen Anlässe zur Trauer hinaus. Es gehört wohl zu den vielerlei Phänomenen der »Globalisierung« heute, dass der Einzelne anders als früher an den großen Unglücken in der

Menschheit Anteil nimmt. Die ausführliche und wiederholte Berichterstattung bringt jeden so nahe an das Geschehen heran, dass mit dem Entsetzen auch die Trauer kommt. Das Gefühl, dazuzugehören, entsteht ganz spontan auch bei denen, die weit weg sind und zunächst nichts anderes tun können, als mitzutrauern. Das Einzige, was man als Einzelner wirklich tun kann, ist, die eigene geistige Arbeit zu verstärken und so ein ganz kleines Gegengewicht zu Unglück und Tod zu schaffen.

Ur-Trauer und Ur-Trost

Unter aller menschlichen Trauer lebt in großer Tiefe etwas, was man die »Ur-Trauer« nennen kann. Friedrich Rückert hat dazu diese Worte gefunden:

> Beim Hauch des Morgens und der Mitternächte Schauer
> Fühl ich die Trauer, dass die Welt hat keine Dauer;
> Dass wir am Anfang schon dem End entgegen gehn
> Und doch am Ende noch beim Anfang stehn.

Zur Erde gehört der Tod. Der große Entwicklungsgang, den die Menschheit mit der Erde durchgemacht hat, führte aus einem »paradiesischen Urzustand« herein in die Verhärtung, zu der der Tod gehört. In der Bibel gibt es dafür das Bild vom *Paradies* und der *Vertreibung* daraus:

> Und der HERR, Gott, gebot dem Menschen und sprach: Von allen Bäumen des Gartens darfst du essen. Vom Baum der Erkenntnis von Gut und Böse aber, von dem darfst du nicht essen, denn sobald du davon isst, musst du sterben.
>
> *1 Mose 2,16–17*

Zur Fähigkeit der Erkenntnis von »Gut« und »Böse« gehört der Tod. Ebenso die Freiheit, die den Menschen in die Lage versetzt, sich zwischen »Gut« und »Böse« zu entscheiden.

Die »Vertreibung aus dem Paradies« ist so endgültig wie der Tod. Es ist keine Rückkehr möglich, so sehr sich das auch manche Menschen wünschen. Es gibt nur den Durchgang durch die große Trauer und alle Entwicklungen, die darin enthalten sind.

Für die Zukunft der Menschheit gibt es auch wieder ein Bild, das der »Stadt«, des »Neuen Jerusalem«. Der Menschheitsweg geht vom »Garten« zur »Stadt«, in die alle schöpferische Arbeit der Menschheit eingehen wird. Da heißt es dann:

> Und Gott wird abwischen alle Tränen von ihren Augen, und der Tod wird nicht mehr sein, und kein Leid, noch Geschrei, noch Schmerz wird mehr sein; denn das Erste ist vergangen.
>
> *Offenbarung des Johannes 21,4*

So fern uns heute das »Paradies« ist, so weit in der Zukunft ist das, was als »Neue Erde«, als das »Neue Jerusalem« aufscheint – und so lang ist der Weg bis dorthin.

Aber es gibt den Wendepunkt: Das »Ereignis von Golgatha«.

Im Prolog des Johannes-Evangeliums erzählt der Evangelist vom Werden alles Erschaffenen. Aus dem Inneren der Gottheit, des Vaters, ist die Welt »hervor gesprochen«. Das heißt, die Evolution hat sich in Gestaltungen vollzogen, die man im Bild mit dem Sprechen des Menschen vergleichen kann. Das »Wort« hat man als Logos verehrt, als Wesen, das aus dem Vater hervorgegangen ist, als seinen »Sohn«.

> Und das Wort ist Fleisch geworden und wohnte unter uns, und wir schauten seine Herrlichkeit, eine Herrlichkeit, wie sie der einzige Sohn von seinem Vater hat, voll Gnade und Wahrheit …
>
> *Johannes 1,14*

Wir haben von seinem Leben als Mensch auf der Erde gehört, seinen Taten und seinen Reden. Mit der Mensch-Werdung hat er sich auch für den Tod »entschieden«, denn Mensch sein, bedeutet heute, sterblich sein. Er nahm den Tod auf sich und davor das tiefste Leiden, das je auf der Erde gelitten worden ist. Er hat den Tod überwunden. Die Auferstehung ist der Anfang des neuen Lebens für Erde und Menschheit. Das zu fühlen und zu verstehen, es zu erleben, ist die Aufgabe für alle Zukunft, eben bis hin zur »Neuen Erde«. Wir können uns aber auf dem Wege fühlen.

Um das Leiden und Sterben Jesu Christi hat sich bei den begleitenden Menschen unendliche Traurigkeit ausgebreitet.

Das geheimnisvolle Geschehen des »Letzten Abendmahles« muss die Jünger so unsäglich nah an das Wesen des Christus – oder muss man sagen: in sein Wesen hinein? – gebracht haben, dass die Ankündigung des Verrates sie tief erschüttert und verunsichert hat. Konnten sie noch verstehen, was geschah? Oder wurden die Ereignisse zu groß? Christus spricht zu ihnen: »Ihr habt jetzt Traurigkeit; ich werde euch wiedersehen, und euer Herz wird sich freuen, und eure Freude nimmt niemand von euch« (Joh 16,22).

Zuletzt begleiten sie ihn in den Garten Gethsemane. Dort soll die Gefangennahme stattfinden.

> Und er sagt zu seinen Jüngern: Setzet euch hier bis ich gebetet habe! Und er nimmt den Petrus und den Jakobus und den Johannes mit sich und fängt an, zu erschrecken und heftig zu zagen. Und er sagt zu ihnen: Meine Seele ist zu Tode bekümmert; bleibet hier und wachet! Und er ging ein wenig vorwärts, warf sich auf die Erde und betete, wenn es möglich wäre, möchte die Stunde an ihm vorübergehen, und sprach: Abba, Vater, alles ist dir möglich; lass diesen Kelch an mir vorübergehen! Doch nicht, was ich will, sondern was du willst. Und er kommt und findet sie schlafend.
>
> *Markus 14,32–37*

Sie können nicht standhalten. Sie erleben in stärkster Art die »vorausnehmende Trauer«. Das, was kommen wird, überwältigt sie.

Bei der Gefangennahme rafft sich Simon Petrus als Einziger zu einer Geste der Verteidigung auf und folgt danach dem Gefangenen bis in den Hof des Hauses vom Hohenpriester. Dort verrät er ihn wirklich, wie von Jesus angekündigt. Er ist seiner Sinne nicht mehr mächtig und wacht bei der Erkenntnis seiner Tat noch einmal auf, weint, verhüllt in tiefer Scham sein Haupt und verschwindet. Wir wissen nicht, wo die Jünger bis zum Ostermorgen waren. Den Tod Jesu am Kreuz sahen andere Menschen, die Soldaten, Schaulustige, aber auch einige der Frauen, »die ihm folgten und ihm dienten« (Markus 15,41), und der »Jünger, den Jesus lieb hatte« mit der Mutter Jesu. Es wird im Evangelium nicht berichtet, dass die Mutter den toten Sohn im Schoß hielt. Die Künstler aller Zeiten haben das aber innerlich gesehen und immer wieder dargestellt. Es ist das Urbild der trauernden Mutter. Im Lauf der Geschichte taucht es immer wieder auf und ist uns heute fast täglich gegenwärtig.

Wo auch immer die Jünger sich aufgehalten haben und die Frauen sich nach der Grablegung hinwandten, sie trugen die größte Trauer mit sich. »ER war das LEBEN, ER hat uns verlassen, ER ging durch den TOD.« Der Abend des Karfreitag und der Karsamstag sind die Tage der großen Menschheitstrauer.

> Und als der Sabbat vorüber war, kauften Maria aus Magdala und die Maria des Jakobus und Salome Balsam, um hinzugehen und ihn zu salben. Und sehr früh am ersten Tag der Woche kamen sie zur Gruft, als die Sonne aufgegangen war. Und sie sagten zueinander: Wer wird uns den Stein von der Türe der Gruft wegwälzen? Und wie sie aufblickten, sahen sie, dass der Stein fortgewälzt war. Er war nämlich sehr groß. Und sie gingen in die Gruft hinein und sahen einen Jüngling zur Rechten sitzen, bekleidet mit einem langen weißen Gewand; und sie erschraken. Er aber sagte zu ihnen: Erschrecket nicht! Ihr sucht Jesus von Nazareth, den Gekreuzigten; er ist auferweckt worden, er ist nicht hier; siehe da den Ort, wo sie ihn hingelegt haben. Aber gehet hin, saget seinen Jüngern und dem Petrus: Er geht euch voran nach Galiläa; dort werdet ihr ihn sehen, wie er euch gesagt hat.
>
> *Markus 16,1–7*

So schildert Markus den Ostermorgen. Matthäus berichtet, dass der Auferstandene selbst den Frauen entgegenkommt und sie begrüßt (Matthäus 28). Im Lukas-Evangelium hören wir davon, wie er sich zu den beiden Wanderern gesellt und sich in ihr Gespräch einmischt (Lukas 24). Und Johannes erzählt von Maria Magdalena, die Seine Gegenwart zugleich im Ostergarten und in sich selbst erlebt (Johannes 20).

Ist der Tod der tiefste Grund der Trauer, so ist die Auferstehung Christi der höchste Trost.

In unserem Leben gibt es viele kleine Momente von »Auferstehung« und jedes Mal erleben wir daran etwas Tröstendes. Die Begegnung mit Christus ist immer eine Begegnung mit dem Leben selbst, mit der Kraft der Todüberwindung, der Auferstehung. Sie mag in der Erkenntnis beginnen und durch das Herz das ganze Sein ergreifen, oder sie mag eine Wesensberührung sein, die in der Erkenntnis aufleuchtet und in dem Bekenntnis mündet: »Du bist der Christus, der Sohn des lebendigen Gottes« (Matthäus 16,16).

Trost und Tröstungen

Die Sehnsucht nach Trost ist in jeder Trauer da, auch die nach einem »kleinen« Trost. Es ist ganz natürlich, zu fühlen: Ich habe etwas verloren, ich bin verwundet, was kann mich heilen, was den Verlust »ersetzen«? Vieles kann Linderung verschaffen, wie eine heilende Salbe den Schmerz einer Wunde lindert. Dadurch ist die Wunde aber noch nicht geheilt.

Vom großen Mystiker des Mittelalters, Meister Eckhart, ist dieses Wort überliefert:

> Ganz gewiss – solange dich noch die Kreaturen trösten,
> trösten können,
> solange findest du nimmer rechten Trost.
> So dich aber nichts mehr trösten kann denn Gott,
> so tröstet dich Gott selber.

Die französische Philosophin Simone Weil sagte es in diesen Worten:

> Um das totale Loslassen zu erreichen, genügt das leidvolle Unglück nicht. Dazu ist ein Unglück, zu dem es keinen Trost gibt, notwendig. Es muss zuerst keinen Trost gegeben haben, keinen vorstellbaren Trost, dann senkt sich unaussprechlicher Trost herab.

Beide fassen den Mut, in die absolute Tiefe des eigenen Seins zu schauen, und erfahren da die Tröstung durch den Geist, durch Gott. In der Stunde des Abendmahls sprach Christus zu den Jüngern von diesem Geist. In vier variierenden »Sprüchen« (Johannes 14,16; 14,26; 15,26; 16,7) weist er auf eine Wesenheit hin, die er nach seinem Fortgehen senden wird: den Tröster, den Paraklet. Er nennt ihn dabei auch den »Geist der Wahrheit« und den »heiligen Geist«. Er ist ein Wesen und seine Kraft ist die Substanz der Wahrheit.

Im Erleben des Todes, auch eines anderen Verlustes, ist die erste existentielle Wahrnehmung diese: Es ist so. Es ist wahr. In diesem Erlebnis liegt die Berührung mit dem

Tröster, wie über den Abgrund hinweg, den Meister Eckhart und Simone Weil beschreiben. In diesem Moment liegt die völlig neue Wahrnehmung des Geistes, ganz rein, ohne Vermischung mit Gefühlen, Wünschen oder Vorstellungen. Der »heilige« Geist ist der »reine« Geist, in ihm liegt die heilende Kraft. Eine Tatsache rein im Geist zu fassen, stellt sie in die Absolutheit und reinigt sie von Hoffnungen und Enttäuschungen.

Dieses Erlebnis lässt sich meist nicht lange halten. Aber es ist da, war da und kann immer wieder aufgerufen werden.

Zur Erfahrung des Geistes gehört, dass er ergriffen werden muss, oder: Wenn er wahrgenommen wird, wird Tätigkeit initiiert. Was ich erkenne, will ich verwirklichen. So verwirklicht sich der Trost aus dem Geist in der eigenen Tätigkeit.

Nach dem Tod eines Menschen oder einem anderen schmerzlichen Verlust verändern sich die Empfindungen diesem Verlust gegenüber Schritt für Schritt, jeden Tag werden sie vertrauter. Dabei geht es um die fortgesetzte innere Tätigkeit, die Bejahung dieser Bewegungen, und es darf kein längerer Stillstand eintreten, der zu einem unfruchtbaren Kreisen um den Verlust führt. Von Stufe zu Stufe geht es weiter und in gleichem Maße lässt sich die Verbindung mit dem Verstorbenen aufbauen und in die warme Lebensbeziehung verwandeln, wie es beschrieben wurde. Aus ihr wird die wunderbare Gewissheit der Nähe, der geistigen Anwesenheit. Darin erfüllt sich der Trost.

Bei anderen Verlusten wird der Zugriff auf neue Ideen oder Tätigkeiten den Trost hervorbringen.

Diese Tätigkeit geht im eigenen Inneren vor sich. Andere Menschen oder äußere Ereignisse können anregen und ermutigen, der Weg selbst ist nur vom Trauernden selbst zu gehen. Dabei hängt es von ihm ab, ob er unter dieser Einsamkeit leidet oder sie als Geschenk, womöglich als Gnade erlebt.

Die schwersten Wege — für R.H.

Die schwersten Wege
werden alleine gegangen,
die Enttäuschung, der Verlust,
das Opfer,
sind einsam.
Selbst der Tote der jedem Ruf antwortet
und sich keiner Bitte versagt
steht uns nicht bei
und sieht zu
ob wir es vermögen.
Die Hände der Lebenden die sich ausstrecken
ohne uns zu erreichen
sind wie die Äste der Bäume im Winter.
Alle Vögel schweigen.
Man hört nur den eigenen Schritt
und den Schritt den der Fuß
noch nicht gegangen ist aber gehen wird.
Stehenbleiben und sich Umdrehn
hilft nicht. Es muss
gegangen sein.

Nimm eine Kerze in die Hand
wie in den Katakomben,
das kleine Licht atmet kaum.
Und doch, wenn du lange gegangen bist,
bleibt das Wunder nicht aus,
weil das Wunder immer geschieht,
und weil wir ohne die Gnade
nicht leben können:
die Kerze wird hell vom freien Atem des Tags,
du bläst sie lächelnd aus
wenn du in die Sonne trittst
und unter den blühenden Gärten
die Stadt vor dir liegt,
und in deinem Hause
dir der Tisch weiß gedeckt ist.
Und die verlierbaren Lebenden
und die unverlierbaren Toten
dir das Brot brechen und den Wein reichen –
und du ihre Stimmen wieder hörst
ganz nahe
bei deinem Herzen.

Hilde Domin

Wie das große Bild der »Vertreibung aus dem Paradies« von der Vergangenheit her in der Trauer mitwirkt, so leuchtet das Zukunftsbild des neuen Himmels und der neuen Erde tröstend in die Gegenwart herein.

> Und ich sah einen neuen Himmel und eine neue Erde; denn der erste Himmel und die erste Erde sind verschwunden, und das Meer ist nicht mehr. Und ich sah die heilige Stadt, das neue Jerusalem, von Gott her aus dem Himmel herabkommen, gerüstet wie eine Braut, die für ihren Bräutigam geschmückt ist. Und ich hörte eine laute Stimme vom Throne her sagen: »Siehe da, die Hütte Gottes bei den Menschen; und er wird bei ihnen wohnen, und sie werden sein Volk sein, und Gott selbst wird bei ihnen sein. Und er wird alle Tränen abwischen von ihren Augen, und der Tod wird nicht mehr sein, und kein Leid noch Geschrei noch Schmerz wird mehr sein; denn das Erste ist vergangen.«
>
> *Offenbarung 21,1–4*

Auf dem langen Weg dorthin mag vieles Begleiter sein. Vielleicht kann folgender Entwurf eines »Wahrspruchwortes« von Rudolf Steiner dazugehören.

In lichten Höhen
Wo sonnenglitzernd
Die freundlichen Libellen
Verflatternd Wärmestrahlen
Dem Lebensraum vermählen
Verweile du meine Seele:
Sie weben mein gedenkend
Aus Trauer Kraft;

Schon fühl ich
Wie sie mich fühlen;
Wie sie erwärmend
Mich durchdringend strömen;
Der Geist schmilzt
Im Weltenweben
Die Erdenschwere
Zukunftlicht.

Rudolf Steiner

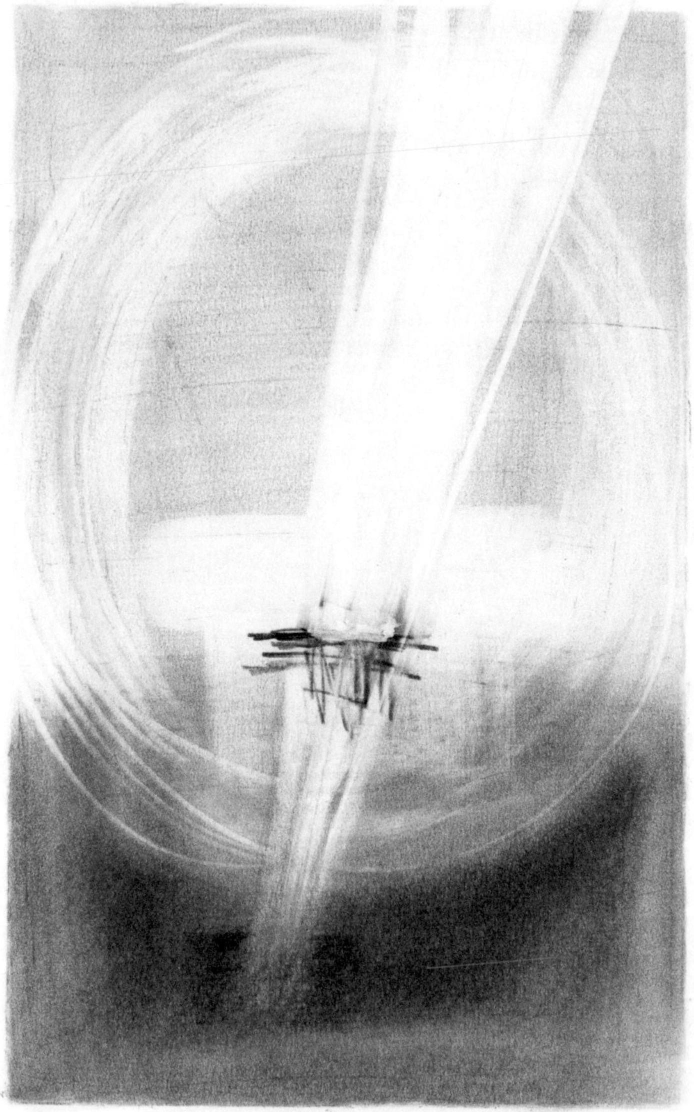

Anhang

Sprüche für die Verstorbenen von Rudolf Steiner

Meine Liebe sei den Hüllen,
Die dich jetzt umgeben –
Kühlend deine Wärme,
Wärmend deine Kälte –
Opfernd einverwoben!
Lebe liebgetragen,
Lichtbeschenkt, nach oben!

Meine Liebe sei Dir im Geistgebiet.
Lasse finden Deine Seele
Von meiner suchenden Seele.
Lasse lindern Deine Kälte
Und lindern Deine Wärme
Von meinem Denken Deines Wesens.
So seien wir verbunden,
Ich mit Dir
Und Du mit mir.

Herzensliebe dringe zu Seelenliebe,
Liebewärme strahle zu Geisteslicht.
So nahe ich mich Dir,
Denkend mit Dir Geistgedanken,
Fühlend in dir Weltenliebe,
Geistig-wollend durch Dich
Eins-Erleben seiend weben.

Unsre Liebe folge Dir,
Seele, die da lebt im Geist,
Die ihr Erdenleben schaut;
Schauend sich als Geist erkennt.
Und was Dir im Seelenland
Denkend als Dein Selbst erscheint,
Nehme unsre Liebe hin,
Auf dass wir in dir uns fühlen,
Du in unsrer Seele findest,
Was mit Dir in Treue lebet.

In Geistgefilde will ich senden
Die treue Liebe, die wir fanden,
Um Seele der Seele zu verbinden.
Du sollst mein Denken liebend finden,
Wenn aus des Geistes lichten Landen
Du suchend wirst die Seele wenden,
Zu schauen, was in mir Du suchest.

Für freiwillig aus dem Leben Geschiedene:

Es strebe zu Dir meiner Seele Liebe,
Es ströme zu Dir meiner Liebe Sinn.
Sie mögen Dich tragen,
Sie mögen Dich halten
In Hoffnungshöhen,
In Liebessphären.

Seele im Seelenland
Suche die Christus-Gnade
Die Dir Hilfe bringt
Die Hilfe aus Geisteslanden
Die selbst solchen Geistern
Friede verleiht
Die in friedelosem
Erleben verzweifeln wollen.

Die Begleitung über die Schwelle des Todes durch die Christengemeinschaft

In der Christengemeinschaft werden Sterben und Tod durch vier verschiedene Handlungen begleitet:

Das Sterbesakrament (»Letzte Ölung«)
Die Aussegnung
Die Bestattungsfeier (für Erd- oder Feuerbestattung)
Die Totenweihehandlung.

In diesen Feiern begegnet Christus, der Todüberwinder, der Seele, die über die Todesschwelle geht.

Das Sterbesakrament oder die »Letzte Ölung«

Im Allgemeinen erbitten es die Angehörigen oder die Pflegenden, wenn sich abzeichnet, dass ein Mensch der Schwelle des Todes nahe ist. Oft erbittet es auch der Sterbende selbst. Es wird durch den Priester, der von einem Ministranten begleitet ist, vollzogen.

Wenn der Kranke dazu noch in der Lage ist, beginnt es mit einem Gespräch mit dem Priester unter vier Augen, in dem ausgesprochen werden kann, was die Seele noch bedrückt oder was als Wunsch oder Bitte für die Angehörigen noch zu sagen ist (»Beicht-Gespräch«).

Das geht über in den Empfang des Abendmahles, an dem alle Anwesenden teilnehmen können. Daran schließt sich die »Letzte Ölung« an. Es werden die Worte gesprochen, die Christus selbst vor seinem Tod an den Vater gerichtet hat, das »Hohepriesterliche Gebet« aus dem 17. Kapitel des Johannes-Evangeliums. Danach werden mit geweihtem Öl drei Kreuze auf die Stirn des Sterbenden gezeichnet: Über das rechte, über das linke Auge und in der Mitte darüber. Dazu wird ausgesprochen, dass Christus die Kräfte für den Schritt über die Todesschwelle geben möge.

Sind Sterbende nicht mehr ansprechbar, wird nur die Ölung vollzogen, ohne Beichte und Abendmahl. Bei großer Unruhe bewirkt das Sakrament immer eine deutliche Beruhigung. Es geschieht auch, dass nach der Letzten Ölung der Mensch wieder gestärkt in das Leben zurückkehrt. Er war dem Tode nahe, das hat für das weitere Leben Bedeutung.

Ist der Tod eingetreten, bleiben während etwa dreier Tage die Lebenskräfte noch wie um den Leichnam herum anwesend. Die Seele schaut in Bildern ihr gesamtes Leben, wie in einem großen Panorama. Menschen mit sogenannten »Nahtod-Erfahrungen« haben ebenfalls von diesem Phänomen berichtet. Der Gesichtsausdruck des Verstorbenen ändert sich in diesen Tagen oft in eindrucksvoller Weise und zeigt wie einen leisen Abglanz dieser Erlebnisse.

In dieser Zeit ist der Verstorbene – wenn möglich im Sterbehause – aufgebahrt. Es ist wohltätig für ihn wie auch für die

Angehörigen, wenn Verwandte und Freunde in dieser Zeit am Sarg aus dem Johannes-Evangelium lesen.

Die Aussegnung

Sie wird nach zwei bis drei Tagen am Ort der Aufbahrung in der Regel bei offenem Sarg vorgenommen. Nach etwa drei Tagen ziehen sich die Lebenskräfte, die den Leib noch wie umschwebt haben, gänzlich zurück und lösen sich auf. Das Lebenspanorama erlischt. Wenn am Schluss der kurzen Handlung geweihtes Wasser über den Leichnam gesprüht wird, unterstützen die fallenden Tropfen die Gegenbewegung der Lösung der ätherischen Kräfte. Die Seele beginnt ihren Weg in die geistige Welt.

Die Bestattungsfeier

Nun wird der Leichnam den Elementen übergeben, der Erde oder dem Feuer. Ehrfürchtig fühlt man dieses »Erde zu Erde, Asche zu Asche, Staub zu Staub«. Es ist der Abschied von der irdisch sichtbaren Person. Zugleich lebt in den Anwesenden ein lebendiges, persönliches Bild des Verstorbenen. Der Verstorbene kann sich darin in Liebe finden und Kraft bekommen für seinen Weg durch das Seelenreich, auf dem er rückblickend sein Leben verarbeitet. Angehörige und Freunde können ihn auf diesem Weg der Läuterung mit Gebet und Fürbitte unterstützen.

Die Totenweihehandlung

An einem der Bestattung folgenden Samstag wird eine Menschenweihehandlung gehalten, bei der nach der Gemeindekommunion ein besonderes Gebet für den Verstorbenen eingefügt wird. Dieses soll ihn durch alle Reiche des nachtodlichen Lebens begleiten. Durch das Licht und die Tat des Christus wird dieser ganze Weg erhellt.

In den vier Handlungen um das Ereignis des Todes wird der Mensch in vierfacher Weise begleitet:

- in der Letzten Ölung wird beim Ablegen des physischen Leibes eine neue Geistform durch Christus geschaffen;
- in der Aussegnung der Lebensleib entlassen;
- bei der Bestattungsfeier der Seelenweg begonnen;
- in der Totenweihehandlung das Licht des Geistes entzündet, das den weiteren Weg für das Ich erhellt.

Die auf eine Feuerbestattung folgende Urnenbeisetzung ist der letzte Akt, in dem die Asche in würdiger Form der Erde übergeben wird. Hier gibt es durch die Christengemeinschaft keine Feier. Die Angehörigen können dies in selbst gewählter Form tun.

In der Christengemeinschaft wird die Bestattungsfeier nur am Sarg mit dem Leichnam vollzogen, nicht bei einer Urnenbeisetzung.

Literaturverzeichnis

Ausländer, Rose, *Gedichte.* Fischer, Frankfurt 2012.

Bachmann, Ingeborg, *Die gestundete Zeit.* Piper, München 2011.

Die Bibel, benützt in der Fassung der Zürcher Bibel, Zürich 2007.

Dante, *Die Göttliche Komödie.* Manesse, München 2011.

Didion, Joan, *Das Jahr magischen Denkens.* Claassen, Berlin 2008.

Domin, Hilde, *Sämtliche Gedichte.* Fischer, Frankfurt 2011.

Dubach, Ruth, *Todes-Weihe. Gedichte.* Verlag am Goetheanum, Dornach 2007.

Duperey, Anny, *Der schwarze Schleier des Vergessens.* Droemer, München 1994.

Eckhart, Meister, *Buch der göttlichen Tröstung.* Insel Verlag, Frankfurt 1987.

Fermor, Patrick Leigh, *Mani – Reisen auf der südlichen Peleponnes.* Dörlemann, Zürich 2011.

Goethe Johann Wolfgang v., *Faust.* C.H. Beck, München 2010.

Grimm, Jacob & Wilhelm, *Kinder- und Hausmärchen in 3 Bänden.* Reclam, Ditzingen 2011.

Herbert Hahn, *Der Lebenslauf als Kunstwerk.* Freies Geistesleben, Stuttgart 1966.

Haushofer, Albrecht, *Moabiter Sonette.* C.H. Beck, München 2012.

Hofmannsthal, Hugo v., *Der Tor und der Tod.* Insel Verlag, Frankfurt 2009.

Homer, *Ilias.* Reclam, Ditzingen 2010.

Hesse, Hermann, *Die Gedichte.* Insel Verlag, Frankfurt 2001.

Krell-Werth, Emma, *Der Ruf des Pirol. Gesammelte Gedichte.* Keller, Dornach 1976.

Lewis, C.S., *Über die Trauer.* Patmos, Düsseldorf 2006.

Lusseyran, Jacques, *Ein neues Sehen der Welt.* Verlag Freies Geistesleben, Stuttgart 2010.

Mitscherlich, Alexander und Margarethe, *Die Unfähigkeit zu trauern.* Piper, München 2007.

Mörike, Eduard, *Gedichte in einem Band.* Insel, Frankfurt 2004.

Novalis, *Gedichte – Romane.* Manesse. München 2006.

Poe, Edgar Allen, *Gedichte.* DTV, München 1988.

Rückert, Friedrich, *Gedichte.* Reclam, Ditzingen 1998.

Safranski, Rüdiger, *Goethe und Schiller. Geschichte einer Freundschaft.* Hanser, München 2009.

Shakespeare, William, *Macbeth.* Reclam, Ditzingen 1986.

Sibley, Brian, *Shadowlands – Eine späte Liebe.* Brunnen Verlag, Gießen 2008.

Soeder, Anne / Rau, Christoph (Hrsg.), *Licht vom unerschöpften Lichte.* Urachhaus, Stuttgart 1983.

Steiner, Rudolf, *Unsere Toten* (GA 261). Rudolf Steiner Verlag, Dornach 1984.

Stockmar, Dorothea, *Ein Netz, das trägt.* Santiago Verlag, Goch 2010.

Übelacker, Theowill, *Die Felder glühn zur Reife hin.* Alemannen Verlag, Stuttgart 1935.

Uffmann, Antje, *Trauern und leben.* Kreuz Verlag, Freiburg 1998.

Weil, Simone, *Schwerkraft und Gnade.* Piper Verlag, München 1989.

Weinheber, Josef, *Gedichte.* Müller Verlag, Salzburg 1986.

Die Autorin

Cordelia Böttcher wurde 1938 in Berlin geboren und wuchs – kriegsbedingt – in Niederbayern und München auf. Zum Studium am Priesterseminar der Christengemeinschaft gehörte ein einjähriges Praktikum an der Friedrich-Husemann-Klinik, Buchenbach bei Freiburg. Anschließend studierte sie Theologie in Marburg und Hamburg. Von 1964–2004 war sie als Priesterin in Bremen, Frankfurt am Main und Heidelberg tätig. Schwerpunkt ihrer Arbeit war die Arbeit mit Kindern und Jugendlichen. Parallel zu Studien der Geschichte, Kunstgeschichte und Literatur standen eine breite Vortragstätigkeit sowie die Mitarbeit in der Zeitschrift »Die Christengemeinschaft«. Von 1996–2006 war sie Mitglied der Leitung der Christengemeinschaft. Neben dem Bilderbuchklassiker *Felix Nadelfein* (Urachhaus [8]2011) verfasste sie *Das Buch der 12 Heiligen Nächte* (2001), *Ostern. Durch die Passion zur Auferstehung* (2011) sowie zahlreiche Beiträge in der Anthologie *Anthroposophie im 20. Jahrhundert* (2003). Cordelia Böttcher lebt in Nürnberg.

Die Künstlerin

Andrea Margarete Schröder wurde 1950 in Frankfurt am Main geboren. Sie besuchte die dortige Freie Waldorfschule bis zum Abitur und schloss ebenfalls in Frankfurt ein Studium der Kunst, Mathematik und Biologie an, das sie mit dem Staatsexamen abschloss. Es folgten die berufsbegleitende Ausbildung zur Klassenlehrerin an Waldorfschulen sowie zur Kunst- und Religionslehrerin. Seit 1986 widmete sie sich verstärkt dem eigenen künstlerischen Schaffen. Neben zahlreichen Ausstellungen, u.a. in Frankfurt, Heidelberg, Würzburg und Hanau hat sie bereits mehrere Buchveröffentlichungen illustriert und ist Mitgründerin des Artemisia-Künstlerinnenbundes, Hanau. Andrea Schröder hat fünf Kinder und lebt in Frankfurt.